Armin Krenz
Kinder brauchen Seelenproviant

Armin Krenz

# Kinder brauchen Seelenproviant

Was wir ihnen für ein glückliches Leben mitgeben können

Kösel

Statt Spiel und Beziehungspflege bestimmen Förderprogramme,
Beziehungsabbrüche und zerrissene Zeiten die Welt vieler Kinder.
Beschleunigung, Schnelligkeit und Perfektionismus
beherrschen den Tag
und eine Besinnung auf Augen-blicke der Gegenwart
wird zum kostspieligen Hobby,
weil Zukunft das »Jetzt« erdrückt.
Das Lächeln erstirbt, kaum, dass es das Licht der Welt erblickt.
Doch Seelenproviant haucht allem wieder LEBEN ein
und ist ein unverzichtbarer Schatz mit einem lebenslang hohen
Bedeutungswert.

*Armin Krenz*

FSC www.fsc.org
MIX
Papier aus verantwortungsvollen Quellen
FSC® C014496

Verlagsgruppe Random House FSC® N001967
Das für dieses Buch verwendete FSC®-zertifizierte Papier
*Munken Premium Cream* liefert Arctic Paper Munkedals AB, Schweden.

4. Auflage 2013

Umschlag: fuchs_design, München
Umschlagmotiv: Bo Tornvig / Getty Images
Druck und Bindung: GGP Media GmbH, Pößneck
Printed in Germany
ISBN 978-3-466-30780-7

Weitere Informationen zu diesem Buch und unserem
gesamten lieferbaren Programm finden Sie unter
www.koesel.de

# Inhalt

# Vorwort

Es ist nicht leicht, ein Kind zu sein, las ich kürzlich in einer Zeitung und ich war perplex, denn es passiert ja nicht jeden Tag, dass man etwas in der Zeitung liest, das wirklich wahr ist. Da spricht ein Revolutionär.
Es ist nicht leicht, ein Kind zu sein, nein! Es ist schwer – sehr schwer sogar. Was bedeutet es eigentlich, Kind zu sein?
Es bedeutet, dass man zu Bett gehen, aufstehen, sich anziehen, essen, Zähne und Nase putzen muss, wenn es den Großen passt und nicht einem selbst. (...)
Es bedeutet ferner, dass man ohne zu klagen sich die persönlichsten Bemerkungen vonseiten eines jeden Erwachsenen anhören muss, die das eigene Aussehen, den Gesundheitszustand, die Kleidung, die man trägt, und die Zukunftsaussichten betreffen.
Ich habe mich oft gefragt, was passieren würde, wenn man die Großen in derselben Art behandeln würde.

*Leserbrief mit der Signatur A.L. – Astrid Lindgren – zu einer Debatte in* Dagens Nyheter *vom 7.12.1939*

Was für fast alle Eltern so hoffnungsvoll, spannend und voller Glücksempfinden mit der Schwangerschaft ihres Kindes begann, nämlich eine lebendige, aktive und herausfordernde Entwicklungsbegleitung ihres Kindes zu erleben und diese aktiv zu gestalten, offenbart sich mit der Zeit oft als »harter Knochenjob«.
Stellt man sich die Frage, weshalb anfängliche Erwartungen und schließlich erlebte Realitäten so selten übereinstimmen, bieten sich ganz unterschiedliche (Hinter-)Gründe als Antworten an. Zum einen merken Eltern schnell, dass ihr ursprünglicher Kinderwunsch mit vielen Idealen und subjektiven Wunschvorstellungen verbunden war, die der täglich

erlebten Realität nur selten entsprechen. Zum anderen wurde bzw. wird ihnen deutlich, dass die persönliche Vorbereitung auf die Elternschaft häufig nicht das notwendige Wissen über Kindererziehung und die notwendige Handlungskompetenz umfasste, das für den praktischen Alltag notwendig und hilfreich ist. Dadurch entstehen Unsicherheiten. Dazu kommen ausgeprägte Erwartungen, die Eltern von einer »machbaren Pädagogik« hatten. Gleichzeitig merken sie, dass auch Kinder und Jugendliche mit verstärkten Verhaltensirritationen, wie es sie in dieser Form und in dieser Menge vor Jahren gefühlsmäßig eher selten gab, immer wieder Unruhe und Provokationen in die Familie bringen und die Eltern permanent vor neue pädagogische Herausforderungen stellen.
Ideell geprägte »Familienbilder« werden »durchgerüttelt« und die »Karten müssen ständig neu gemischt werden«.
Dieses Buch möchte unterschiedliche Ziele erreichen. Eltern erhalten die Möglichkeit,

1. ihre bisherige Erziehungspraxis kritisch zu beleuchten, um zu prüfen, ob ihre Sichtweisen über Erziehung sich mit einigen entwicklungspsychologisch abgesicherten Erkenntnissen decken;
2. Übereinstimmungen zwischen entwicklungspsychologisch abgesicherten Erkenntnissen und ihrer Erziehungspraxis festzustellen und darauf stolz zu sein;
3. auf neue Aspekte der Erziehungspsychologie hingewiesen zu werden, um alternative Verhaltensweisen kennenzulernen und bei Bedarf in den eigenen Erziehungsstil aufzunehmen;
4. sich mit sich selbst auseinanderzusetzen, um durch persönliche Veränderungen den eigenen Kindern neue Erfahrungshorizonte zu eröffnen;
5. die Pädagogik als eine wundervolle Chance zu erleben,

Kinder für das Leben stark zu machen, um ihren Beitrag dafür zu leisten, dass diese aus manchen Fugen geratene Welt besser werden kann;

6. Kinder verstärkt als einen wertvollen Schatz zu entdecken und zu verstehen, was Kinder für ihre Entwicklung wirklich brauchen.

Nun kann man auf unterschiedliche Weise an das Thema herangehen: Auf der einen Seite ist es sinnvoll, über die Theorie (Teil 1 und 2) in den Praxisteil (Teil 3 und 4) einzusteigen. Auf der anderen Seite ist es auch denkbar, sich gleich mit dem Praxisteil zu beschäftigen, wobei man dann in Kauf nehmen müsste, die theoretischen Grundlagen für ein besseres Verständnis unberücksichtigt zu lassen. Die Vorgehensweise sei jedem Nutzer/jeder Nutzerin dieses Buches freigestellt.

In diesem Sinne wünsche ich allen Leserinnen und Lesern Spannung, viel Freude und einen hohen Erkenntnisgewinn mit diesem Buch. Mögen die aus den Inhalten gewonnenen Erkenntnisse dazu beitragen, dass Eltern einen »guten Durchblick« für ihre Entwicklungsunterstützung von Kindern und gleichzeitig wertvolle Hilfestellung für die vielen damit verbundenen Herausforderungen erhalten.

*Ihr Dr. Armin Krenz*

# Einleitung: Eltern in der Herausforderung, das Beste für ihr Kind zu leisten

**Niemand vermag ein Ereignis oder einen anderen Menschen weiterzubringen, als er selbst mit sich gekommen ist. Dennoch vermag er selbst nicht weiterzukommen, als er die Ereignisse oder einen anderen Menschen zu bringen wagt.**
***Fernöstliche Weisheit***

So wie die Entwicklung des Menschen durch einen ständigen Veränderungsprozess seines Umfeldes und seiner Lebensbedingungen beeinflusst wird, so ist auch die elterliche Erziehung immer wieder durch Umfeldveränderungen, neue Erfahrungen oder neue Erkenntnisse zur Überprüfung von bisherigen Zielen, erzieherischen Vorgehensweisen oder Methoden aufgefordert. Was gestern noch für die Pädagogik oder Erziehungspsychologie allgemeine oder spezielle Gültigkeit besaß, kann heute schon durch neue Forschungsergebnisse revidiert sein. So sind zum Beispiel einige Kernaussagen des weltbekannten Entwicklungspsychologen Jean Piaget inzwischen durch neue Untersuchungsergebnisse aufgehoben und durch andere Belege ersetzt worden. Ein alter Spruch bringt es auf den Punkt: *Stillstand bedeutet Rückschritt.* Das gilt für alle Entwicklungen, seien sie personbezogen oder alltagsorientiert. Die Zeiten und Begründungen einer eher traditionsverbundenen elterlichen Pädagogik, in der die Gestaltung der »Erziehungsarbeit« durch Wiederholungen eigener Kindheitserfahrungen oder persönlich geprägter Ansichten charakterisiert war, sind nicht mehr ohne Weiteres aufrechtzuerhalten.

Eine breit angelegte Befragung von einigen hundert Eltern, die der Autor im Rahmen von Elternseminaren durchgeführt hat, ergab eine Vielzahl von Antworten auf die Frage, was für sie heute so reizvoll ist, die Rolle als Eltern(teil) zu erleben. An dieser Stelle sollen einige beispielhafte, häufige und sich stark ähnelnde Antworten genannt werden:

- »Als Eltern hat man im Vergleich mit anderen Berufen vielfältige Möglichkeiten, sowohl eigenen Interessen nachzugehen als auch für einen anderen Menschen Verantwortung zu übernehmen.«
- »Die Elternschaft bringt jeden Tag neue Herausforderungen mit sich und verlangt von uns Eltern Flexibilität und Kreativität – das macht das Leben doch erst spannend!«
- »Für mich stand immer schon fest, dass ich Kinder haben wollte. Etwas anderes kam gar nicht infrage. Elternschaft gehört einfach zum Erwachsensein dazu. Wenn keine Kinder mehr geboren werden, stirbt die Menschheit aus. Das wäre doch grässlich.«
- »Erst Kinder bringen doch Glück und Zufriedenheit ins eigene Leben. So kann ich nur alle Erwachsenen bemitleiden, die sich dieses Glück nicht geschenkt haben.«
- »Kinder sind etwas Wundervolles. Sie stecken voller Überraschungen, Energien, Freiheitswünsche und Unberechenbarkeiten. Kinder halten uns Erwachsene jung.«
- »Es gefällt mir jeden Tag aufs Neue, mit meinen Kindern zu leben, zu spielen, zu lachen, traurig zu sein oder mit ihnen etwas Neues zu entdecken, womit wir uns dann für lange Zeit beschäftigen können.«
- »Kinder sind ehrlich und verstellen sich nicht. Das mag ich an ihnen. Sie sagen geradeheraus, was sie denken und wie sie sich gerade fühlen. Solche Verhaltensweisen vermisse ich bei Erwachsenen ganz stark. Und könnte ich

nicht immer wieder diese Erfahrungen machen, wäre mein Leben armselig.«

- »Welcher Beruf gibt einem noch die Möglichkeit, an der Gestaltung eines sich entwickelnden Lebens so aktiv teilnehmen zu können?«
- »Kinder sind häufig dankbare Zuhörer, Mitspieler und lernfreudige Menschen. Durch ihre besondere Lebendigkeit und Menschlichkeit werde ich auch heute noch fast jeden Tag darin bestätigt, dass es gut war, sich für ein Kind zu entscheiden.«
- »Ich freue mich über strahlende Kindergesichter und lachende Augen. Kinder wissen es nahezu immer sehr zu schätzen, wenn man Zeit für sie hat und gemeinsam mit ihnen etwas unternimmt.«
- »Kinder geben mir viele Rückmeldungen auf mein eigenes Verhalten. Sie sind häufig ein Spiegelbild unserer eigenen Empfindungen und Lebenslagen. Insofern nutze ich ihre Rückmeldung auf mein Verhalten und betrachte sie auch als eine (in)direkte Hilfe für unsere eigene Weiterentwicklung.«
- »Man bleibt selbst körperlich und geistig fit – Ausruhen wäre fehl am Platz. Kinder halten uns alle beweglich, lebendig und fordern uns heraus.«
- »Kinder helfen einem dabei, die eigenen Sorgen und Schwierigkeiten des Lebens für viele Stunden des Tages auch einmal zu vergessen. Mir ist dadurch sehr bewusst, wie viel wir Eltern den Kindern zu verdanken haben.«
- »Wo können Erwachsene heute in dieser überwiegenden Erwachsenenwelt noch selbst Kind sein, Theater spielen, Witze machen, tanzen, Unternehmungen planen und durchführen, Lieder singen und texten, Musik hören und über die vielfältigen Dinge des Lebens philosophieren?«

Bei all diesen positiven Äußerungen kamen bei einer weiteren Fragestellung aber durchaus auch nachdenkliche und kritische Stimmen zum Vorschein, die zusammengefasst folgenden Inhalt hatten:

- »Wir haben bzw. hätten bei Weitem nicht gedacht, dass die Erziehung von Kindern so schwierig ist und uns Eltern jeden Tag vor neue Herausforderungen stellt – manche sind lösbar, manche erscheinen uns unlösbar.«
- »Wir müssen zunehmend die Erfahrung machen, dass wir unseren elterlichen Einfluss auf unsere Kinder einfach überschätzt haben – gegen den Einfluss ungünstiger Freundschaften oder der ganzen Medienmacht kommen wir mit unserem Bemühen immer öfter an unsere Grenzen.«
- »Erziehungsarbeit ist doch ein weitaus schwierigeres Geschäft, als wir es uns vorgestellt haben, sodass wir schon manches Mal den Gedanken nachgehen, ob es nicht besser gewesen wäre, unseren Kinderwunsch sorgsamer und nicht so blauäugig zu erfüllen.«
- »Das Traurige an der Erziehung ist doch, dass man den Zeiger der Zeit nicht ohne Weiteres zurückdrehen kann, vor allem dann, wenn man erkennen muss, dass man aus heutiger Sicht vieles anders gemacht hätte.«
- »Vielleicht waren wir zu jung, als unser erstes Kind auf die Welt kam. Wir waren selbst mit unserer eigenen Entwicklung noch gar nicht fertig und plötzlich mussten wir uns auf völlig neue Herausforderungen einstellen. Dabei fühlten wir uns so manches Mal restlos überfordert.«
- »Unsere Kinder haben unsere eigene Lebensplanung mächtig durcheinandergewirbelt. Es gab viele Abstriche, die wir letztlich machen mussten und immer noch machen müssen.«
- »Natürlich geht es häufig darum, eigene Bedürfnisse

durch die Kinder zurückzustellen. Das fällt uns, wenn wir ganz ehrlich sind, nicht immer leicht.«

- »Bei der Vielzahl von Ratschlägen durch Kinderärzte, verschiedene Erziehungsratgeber oder die eigenen Eltern kommt es zu immer größeren Verunsicherungen, was in der Erziehung richtig und was falsch sein könnte. Vielleicht sollte man nur auf das eigene Gefühl hören, doch auch da kann es natürlich jede Menge Fehler geben.«

Was fällt durch die genannten Beispiele auf? Während manche Eltern voller Freude, Motivation und Neugierde auf ihr Kind emotional ergriffen und gedanklich sehr klar ausgerichtet waren, macht sich gleichzeitig bei anderen Eltern schon nach einigen Jahren eine größere Nachdenklichkeit (bis hin zur Unzufriedenheit) über bestimmte Erfahrungen breit. Das ist verbunden mit der Tatsache, dass die Anforderungen an eine verantwortungsvolle und entwicklungsförderliche Erziehung und auch die Erwartungen von außen (Kindergarten, Schule, Nachbarn usw.) stetig wachsen. Und das bei einer ganzen Reihe von Umfeldbedingungen, die für Eltern belastend sein können: steigende Anforderungen im Beruf, Angst um den Fortbestand von Arbeitsplätzen, größere Flexibilitätserwartungen von ArbeitgeberInnen an ArbeitnehmerInnen, steigende Armut usw.
Es stellt sich die Frage, welche grundlegende Motivation und welche Lebenskompetenzen hilfreich sind, um im Spannungsfeld von persönlichen Lebensgestaltungswünschen und einer Elternschaft eine entwicklungsförderliche Erziehung leisten zu können. Die Weltgesundheitsorganisation (WHO) hat bei der Beurteilung, ob Menschen entsprechende Anforderungen als eine Belastung oder als eine produktive Herausforderung erleben, als »Life-Skills« (= Lebenskompetenzen) bezeichnet. Sie hängen von vielen unterschiedlichen Einflussgrößen ab – vor allem von einem

Zusammenwirken emotionaler, kognitiver, sozialer und motorischer Ressourcen. Darunter fallen insbesondere eine gut ausgeprägte Kommunikations- und Konfliktfähigkeit; ein sorgsamer und aktiver Umgang mit eigenen und fremden Gefühlen; kritisches Denken; Entscheidungs- und aktive Handlungsfähigkeit; die Bereitschaft zur Selbstreflexion; Selbstbewusstsein; Widerstandsfähigkeit gegenüber Gruppendruck; die Fähigkeit, mit Stress und Ängsten umgehen zu können; Frustrationstoleranz; Interesse; die Bereitschaft, auf Unbekanntes zuzugehen und es erkunden zu wollen; Motivation, etwas mit anderen sinnvoll auszuhandeln, gestalten und verändern zu wollen.
Diese Fähigkeiten können direkt auf Eltern übertragen werden, ergänzt durch den elterlichen Wunsch, sich immer wieder auf neue Herausforderungen des Erziehungsalltags mit Kindern einzulassen, Sinnzusammenhänge zwischen eigenen Sicht- und Verhaltensweisen und ihren Auswirkungen auf Kinder zu erkennen, die eigene Erziehungsfähigkeit immer weiter zu verbessern und erreichte Ziele zu genießen.
Dieses Buch mag Eltern hierzu eine Hilfe sein.

# Kindheiten heute – Kinder zwischen Lust und Frust

## Wenn Eltern zu viel fordern und erwarten

**Kinder und Uhren dürfen nicht ständig aufgezogen werden, man muss sie auch gehen lassen.**
*Jean Paul*

Eine Tag für Tag zu beobachtende Tatsache ist, dass das gesamte Kinderleben immer stärker einem Leben gleichkommt, das fast ausschließlich einer Aneinanderreihung von »pädagogischen Arrangements« entspricht. So wird das Kinder(er)leben immer stärker eingeschränkt, die Kinderzeiten werden immer häufiger zerteilt und die Kinderwelten immer stärker zerrissen. Es wird *für* Kinder gedacht und *für* sie geplant, es wird *für* Kinder arrangiert und *für* Kinder gehandelt, anstatt zu begreifen, dass eine »Pädagogik vom Kinde aus« eine lebendig erlebte Alltagspädagogik *mit* dem Kind ist.
Viele Eltern haben schon in frühen Jahren damit begonnen, ihren Kindern ihre eigenständige Kindheitszeit vorzuenthalten, indem sie die Kinder in »Arrangements« untergebracht haben. Mit dem Babyschwimmen, den Krabbelgruppen und

frühkindlichen Förderprogrammen fing es an. Es folgten die ungezählten Kurse und Trainings (Montag: Ballett/Judo; Dienstag: Flöten-/Klavierunterricht; Mittwoch: Turnen/Fußball; Donnerstag: Reiten/Handball; Freitag: Tennis/frühes Leselernen; Samstag: Sportturniere; Sonntag: frei!?) schon während der Kindergartenzeit. Viele Kinder hatten und haben ein Tagesprogramm, das von der Zeitstruktur her betrachtet dem eines Managers ähnlich ist.
Indianerspiele haben daher längst ausgedient und für den Marterpfahl oder gar eine Friedenspfeife ist im normalen Alltagsgeschehen der Kinder kein Platz mehr. So weiß auch schon die zweieinhalbjährige Leonie sehr genau, was Zeit bedeutet. Wenn die Mutter jeweils am Dienstag- und Donnerstagvormittag die kleine Reisetasche packt, heißt das für Leonie: Es geht zum Rhythmikkurs. Dort bewegt sich die Kleine im rot-schwarzen, modisch-aktuellen Dress nach den Taktvorgaben und Mama schaut stolz auf ihr bewegungsbegabtes Kind. Am Mittwochnachmittag steht »Englisch für die Jüngsten« auf dem Programm und an den anderen Tagen wird per Handy ein Spieltreff arrangiert, damit möglichst viele »Zeitfenster« im Rahmen einer »guten Entwicklungsförderung« genutzt werden.
Schon vor Jahren sprach der Hildesheimer Pädagoge Ernst Cloer von einem Kinderalltag »im Zeittakt industrieller Fertigung« und der Würzburger Erziehungswissenschaftler Günther Bittner beklagte eine »Durchrationalisierung des Kinderlebens nach Schichtdienst und Stundenplan, eine ökonomische Zeitplanung bis in die Kinderstube hinein«.
Bei genauerer, zeitaktueller Betrachtung zeigt sich, dass auch elementar- und sonderpädagogische Einrichtungen diese Vertreibung der Kindheiten (im familiären Bereich) zunehmend mitmachen, institutionell aktiv ausbauen und pädagogisch mit dem »neuen« Bildungsauftrag einer progressiven Frühpädagogik zu begründen versuchen. Sie wollen damit

immer wieder kognitive Prozesse fördern, als ob es darum gehe, ein weitestgehend leeres Fass in möglichst kurzer Zeit zu füllen. Und schnell wird noch vor alle künstlich hergestellten Lernsituationen die inhaltsleere Worthülse »ganzheitlich« davorgesetzt, um das Ganze pädagogisch zu legitimieren – ohne allerdings diesen Begriff mit *Leben* zu füllen. Diese Realität kommt nicht selten einem »pädagogischen Aktionismus« gleich.

**Ein Kind ist kein Lotterielos, um den ersten Preis zu gewinnen.**
***Dr. Janusz Korczak***

Studiert man sorgfältig die Fachliteratur im Feld der Kindheitsforschung aus den letzten 15 Jahren, fallen immer wieder dieselben Warnungen auf: Wir haben es mit »gehetzten Kindern« zu tun, Kinder stehen »unter einem vermehrten Dauerstress« und die Zunahme der »Vertreibung von Kindlichkeit« nimmt außergewöhnliche Maße an. Kinder »leiden zunehmend an typischen Managerkrankheiten«, stecken »in dramatischen Beziehungsnöten« und das »Ende der Kindheit ist eingeläutet«. Kindheit ist zunehmend »organisiert und isoliert« und schon lange »kein Kinderspiel mehr«.
Und so nahm und nimmt auch in Elternhäusern die didaktisierte Pädagogik ihren Lauf: Bewegungsfreudige Kinder erhalten die Möglichkeit, ihre Anspannungen und ungezügelten Kräfte im Sporttraining oder auf der »Bewegungsbaustelle« auszudrücken, für emotional irritierte Kinder werden in Volkshochschulkursen schon für die Jüngsten »meditative Entspannungsübungen und märchenhafte Bilderlebnisse« angeboten. »Feuererziehung« scheint sich bei der »Behandlung ängstlicher Kinder« besonders zu empfehlen und die Fülle einer erlebnisreichen »Tasterfahrungswelt« beschränkt sich nicht selten auf künstlich hergestellte Wahr-

nehmungsfelder wie Tastwände und Fühlstraßen. »Hörerlebnisse« zur Differenzierung von Geräuschen »erfahren« Kinder über CD- bzw. kassettengeprägte Geräuschquellen und ein frühes Lesenlernen wird Kindern über »kindgerechtes Frühleselernen« beigebracht – in Ausblendung der Ergebnisse der PISA-Studie 2000, bei der sich unter anderem zeigte, dass finnische Jugendliche vor allem deswegen eine so hohe Lesekompetenz besaßen, weil ihnen im Kindesalter regelmäßig und viel vorgelesen wurde, beispielsweise regelmäßig in Form von Gutenachtgeschichten.
Die lebensprägende Reise vom Kleinkind zum Erwachsenen wird dadurch immer kürzer, brüchiger, komplizierter und unübersichtlicher. Kinder können zwar in zunehmendem Maße theoretisch über viele Dinge dieser Welt reden, sind aber gleichzeitig immer weniger in der Lage, identisch und einfühlsam, sozial engagiert und auf der Grundlage verinnerlichter Werte ein kompetentes, ausgefülltes und glückliches *Eigenleben* zu führen und aktiv zu gestalten. Sie sind darüber hinaus immer weniger fähig, Konflikte mit Gleichaltrigen sorgsam auszutragen, Belastungen auszuhalten, Anstrengungsbereitschaft auf sich zu nehmen und in ihrem Tagesablauf selbstständigen Hobbys und Interessen nachzugehen.
Die Lösung aus dem beschriebenen Dilemma der Kinder und einer »förderwütigen« Frühpädagogik umfasst einige wesentliche Aspekte, die nur thesenartig skizziert werden sollen:

- Eltern müssen sich von der Vorstellung und damit dem Bild verabschieden, Kinder seien schon in den ersten sechs Lebensjahren zu perfektionieren.
- Eltern müssen die ersten Lebensjahre von Kindern als einen eigenen Entwicklungszeitraum »Kindheit« begreifen und ihre gesamten Erwartungen darauf abstimmen.

- Eltern müssen mit Kindern leben wollen, mit Kindern fühlen, mit ihnen planen – sie müssen sich dem Kind vor sich und dem eigenen Kindsein in sich direkt und unmittelbar zuwenden.
- Eltern müssen die Perspektive der Kinder achten und damit aufhören, Kinder in die Perspektive der Erwachsenen zu zerren.
- Kinder brauchen weniger eine didaktische Vielfalt an Programmen als vielmehr Bezugs- und Bindungspersonen, die sich selbst als den entscheidenden »didaktischen Mittelpunkt« begreifen. Sie brauchen staunende, mitfühlende, wissende, in sich ruhende, lebensfrohe und zuverlässige Menschen um sich herum – und keine gehetzten, erwartungsbesessenen, stets alles besser wissende Eltern, die sich hauptsächlich selbst über besondere Leistungen ihrer Kinder definieren wollen.
- Eltern sollten begreifen, dass Kinder weder »Demonstrationspüppchen« noch »vorzeigbare Leistungsträger« sind, die die (heimlichen) Hoffnungen ihrer Eltern zu erfüllen haben und deren Zuneigung wiederum hauptsächlich von ihren gezeigten Leistungen abhängig ist. In der Erziehungspsychologie wird ein solches Verhalten von Eltern als »Liebeszuneigung unter Bedingungen« bezeichnet. Dadurch fühlen sich Kinder in der Regel außergewöhnlich stark unter Druck gesetzt und entwickeln folgendes Selbstbild: »Ich bin nur dann ein geliebtes Kind, wenn ich gut bin und meine beste Leistung zeige.«

Die Angst vieler Eltern vor einem verkümmerten Genie ist anscheinend groß. Was würde wohl bei einem Vernissage-Treffen bildungsorientierter Eltern besser ankommen: der elterliche Bericht von einem gelungenen Konzert und dem Soloauftritt des Jüngsten (mit zweimaliger Zugabe) oder der

Bericht, dass Larissa und Anton die Nachbarn mit Holunderbeeren beworfen haben und einen Heidenspaß dabei hatten?
Es ist die Zukunft, die für viele Eltern im Vordergrund der Pädagogik steht! Diese Vorstellung mag zunächst auch berechtigt und nachvollziehbar erscheinen. Doch die Folgen auf die kindlichen Entwicklungsprozesse sind aus Sicht der Entwicklungspsychologie nicht selten dramatisch. Warum?

1. Kindern wird immer stärker die Möglichkeit genommen, Kind zu sein. Dazu gehört ihr Spiel, ihr magisches Denken, ihre Welteroberung, ihr Träumen, ihr individuelles Zeiterleben und auch ihre Orientierungssuche. Nur wenn ein Kind in seiner eigenen Entwicklungswelt überwiegend störungsarm aufwachsen kann, ist es in der Lage, eine eigene Identität und ein stabiles Selbstwertgefühl aufzubauen. Gleichzeitig ist bekannt, dass nahezu alle Verhaltensirritationen bei Kindern aus Störungen des Selbstwertgefühls und einem Identitätsbruch entstehen.
2. Damit sich Entwicklungsprozesse in Kindern stabilisieren – also regelrecht festsetzen – können, benötigen Kinder genügend Zeit, um aus Handlungswiederholungen Sicherheiten zu entwickeln. Diese sind notwendig, um neue Entwicklungsschritte aufnehmen zu können. Wenn nun Kindern diese Stabilisierungszeit nicht zugestanden wird, kann kein entsprechend stabilisiertes Persönlichkeitsfundament entstehen. Wiederum muss es zu einer fehlenden Grundlage für eine Persönlichkeitsentwicklung kommen.
3. Entwicklung ist ein sogenannter ganzheitlicher Prozess. Das bedeutet, dass alle Entwicklungsbereiche, die ein Kind in sich trägt, miteinander verbunden sind und in seinen Handlungen immer gleichzeitig (!) aktiviert werden.

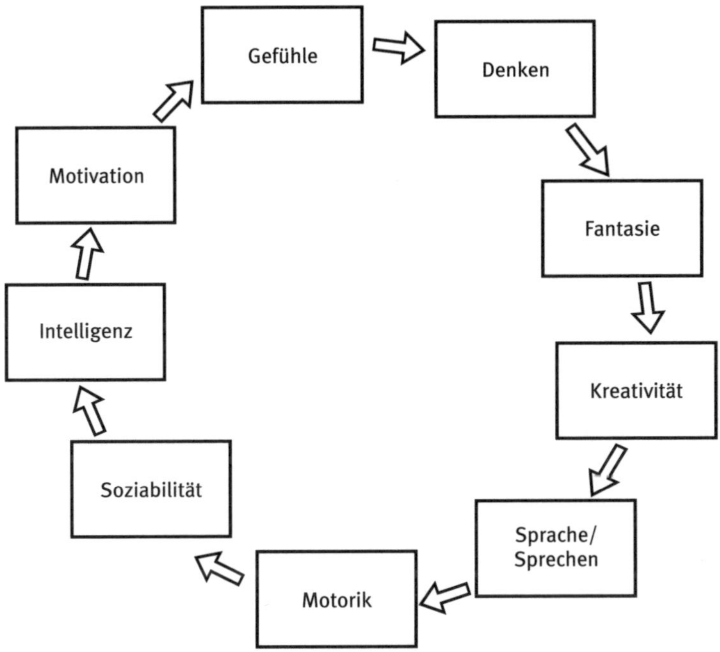


Dem steht allerdings eine – wie oben beschrieben – zukunftsorientierte Pädagogik im Wege. Warum? Weil dabei die Entwicklungsbereiche des Kindes auseinanderdividiert werden. Sprache wird beispielsweise von einer motorischen Aktivität getrennt (so werden immer noch häufig Sprachübungen sitzend durchgeführt) oder viele »Situationsdiskussionen« sollen für den Aufbau eines sozialen Verhaltens dienlich sein. Das kann nicht klappen, weil Kinder so nicht lernen.

So wundert es nicht, dass immer mehr Kinder in einer Art Dauerstress leben, der sich beispielsweise durch folgende Verhaltensweisen ausdrückt: Schlafstörungen, Magenbeschwerden, Migräne und Kopfschmerzen, Übelkeit und Erbrechen, Darmfunktionsstörungen, Bauchschmerzen, nächtliches Einnässen, motorische Gesichtstics, Stottern, vasomotorische Störungen wie Schwitzen oder Erblassen, Schwächezustände und leichte Ermüdbarkeit, psychisch bedingte Hautaffektionen wie Jucken bis hin zu psychisch bedingten allergischen Reaktionen, Zähneknirschen im Schlaf, Nägelknabbern oder Hautreißen, Situationsängste (vor Dunkelheit oder dem Alleinsein), starke Stimmungsschwankungen, mutistisch geprägte Kontaktstörungen, Initiativlosigkeit, Jähzorn, grobe Aggressivität und Gewaltbereitschaft, Plan- und Ziellosigkeit, Konzentrationsschwäche bis hin zur völligen Antriebsarmut.

Solche Stresserlebnisse ergeben sich bei Kindern stets aus einer tief verwurzelten Angst heraus, beispielsweise nicht geliebt zu werden, wie man ist (sondern sein soll), keine Beachtung zu finden (außer durch entsprechende Besonderheiten, die zumindest den Eltern auffallen), völlig übersehen zu werden (weil elterliche Erwartungen nicht erfüllt werden können), ausgeschlossen zu werden (weil man mit seinen Verhaltensweisen sowieso überall aneckt) oder nicht gut genug zu sein (weil selbst bei höchster Anstrengungsbereitschaft das von Eltern erwartete Ergebnis nicht erreicht werden kann).

Verhaltensauffälligkeiten in den oben genannten Ausdrucksformen müssen daher zunächst als ein Signalverhalten verstanden werden: »Mir, dem Kind, geht es schlecht! Schaut her, was ihr aus mir gemacht habt.« Gleichzeitig sind sie auch ein Problemlöseverhalten, entsprechend dem Ausdruckswert: »Ich kann mich zurzeit nicht anders verhalten als in der Form, wie ich die aktuelle Situation erlebe.« »Der Ärger schlägt mir auf den Magen.« »In meiner Haut fühle ich mich unwohl.« »Meine Gedanken lassen mich nicht zur Ruhe kommen.« »Mein Kopf platzt aus allen Nähten.« »Meine Gefühle haben eine durchschlagende Wirkung.« »Ich bin in mir ständig innerlich hin und her gerissen.« »Ich weiß nicht, was ich sagen soll.« »Ich kann meine Gedanken

nicht ordnen und kann daher nur unzusammenhängend sprechen.« »Ich fühle mich gerädert und gelähmt.« Belastungen suchen Entlastungen – und diese drücken sich über die geäußerten Verhaltensmerkmale aus.
Um diese Verhaltensfolgen (!) überflüssig werden zu lassen, bedarf es einer kritischen Beleuchtung, wieso es Kinder nötig haben (nötig haben = in der Not sein), diese persönlichen Irritationen zu entwickeln. Ein erster Schritt hierzu besteht darin, sich am Ende eines anstrengenden Tages oder in den unterschiedlichen Situationen während des Alltags ab und zu folgende Fragen zu stellen:

- Wie haben die Kinder den heutigen Tag mit mir erleben können? Waren sie glücklich oder unglücklich, heiter oder gedrückt, optimistisch oder pessimistisch, aufgeschlossen oder zugeknöpft, und was habe ich als Elternteil dazu beigetragen, dass die Situation so ist, wie sie ist?
- Habe ich die Kinder in ihren vielfältigen Ausdrucksformen verstanden und sie in ihren vielfältigen Entwicklungsmöglichkeiten aktiv unterstützt?
- Habe ich die Kinder wirklich ernst genommen und konnte ich ihre tatsächlichen Anliegen spüren und erkennen?
- Ist es mir gelungen, das Selbstwertgefühl der Kinder zu stärken, oder habe ich Verhaltensweisen gezeigt, die das Selbstwertgefühl der Kinder herabgesetzt haben?
- Konnten die Kinder wirklich zeigen, welche Fähigkeiten in ihnen stecken, und habe ich ihnen geholfen, diesen Tag – wie auch die anderen Tage – als ein Geschenk zu erleben?
- Konnten Kinder ihre Fülle an Fantasie und Kreativität im Rahmen der gegebenen Möglichkeiten zum Ausdruck bringen, und wie konnte ich mich darauf einlassen?
- War ich den Kindern gegenüber gerecht?

- Habe ich vielleicht am heutigen Tage etwas Wesentliches übersehen?
- Welches Selbstverständnis von mir bringe ich durch meine vielfältigen Verhaltensweisen zum Ausdruck und wie wirken sie auf Kinder?
- Trage ich Konflikte, die ich mit den Kindern habe, offen oder verdeckt, direkt oder indirekt, klar oder unklar bzw. klärend oder nachtragend aus?
- Bleibe ich bei auftretenden Schwierigkeiten verbissen bei meinem Standpunkt oder lasse ich mich auch auf die Gedankenpositionen der Kinder ein?
- Gab es etwas, das ich heute falsch gemacht habe, das offensichtlich entwicklungshinderlich für die Kinder war und das ich in Zukunft dringend anders machen möchte?
- In welchem Bereich muss und möchte ich dringend etwas dazulernen, damit ich beispielsweise gerechter, gelassener, weitsichtiger oder »einfach besser« werden kann?

Mit diesen und sicherlich noch weiteren Fragen beginnt der Prozess der Auseinandersetzung und gleichzeitig die immer andauernde und notwendige Konfrontation mit sich selbst. Das Entscheidende ist dabei, dass diese und alle anderen Fragen einer Beantwortung bedürfen und dort, wo es nötig erscheint, eine Verhaltensänderung bewirken müssen.

**Wir versuchen ein Leben lang unsere Sehnsucht zu erfüllen – aber auf dem Weg dahin entwickeln wir Methoden, die gerade das verhindern.**

*Maximilian Schell*

# Was Kinder wollen und was sie brauchen

**Eine Annäherung an die Welt des Kindes erfordert Empathie, die Wertschätzung der Wahrnehmung und Gefühle der Kinder und ein Interesse daran, die Sicht der Kinder auf ihre Welt zu verstehen.**

***Friederike Heinzel***

Das »Verschwinden der Kindheit« ist die eine Seite der düsteren Medaille – die gleichzeitige materielle Verwöhnung der Kinder die andere. Da werden Kinder regelrecht in Watte gepackt, wenn es darum geht, dass die »Kleinen« auf keinen Fall einem »unguten Gefühl« ausgesetzt sein sollen. Geschenke strömen im Überfluss, wenn die Großeltern zu Besuch kommen oder die Eltern den Anspruch haben, dass ihre Kinder möglichst nichts vermissen sollen. (Für viele Kinder trifft inzwischen das »Vier-Zwei-Eins-Schema« zu: Vier Großväter, vier Großmütter und zwei Elternteile richten ihre gesamte Aufmerksamkeit auf das Einzelkind.) Die tagtäglichen Süßigkeiten beim Einkauf an der Kasse oder andere »Mitbringsel« gehören zur festen Tagesordnung. Viele Kinderzimmer gleichen einem überfüllten Warenlager eines Spielzeugfachgeschäftes und viele Eltern mit einem geringen Arbeitslohn gehen neben ihrer beruflichen Haupttätigkeit noch einer Nebentätigkeit nach, um die materiellen Wünsche ihrer Kinder erfüllen zu können. (So geben Eltern laut Statistischem Bundesamt bis zur Hälfte ihres monatlichen Haushaltsnettoeinkommens für die Kinder aus. Je nach Höhe des Einkommens und der Kinderzahl ergeben sich Ausgabensummen von 255 bis 865 Euro pro Kind und Monat.)

Natürlich hat diese Kosumorientierung ihren »Preis«, ihren Hintergrund und ihre Folgen. Nach wie vor scheint die An-

nahme berechtigt zu sein, dass viele Eltern durch die »Droge Verwöhnung« (Albert Wunsch) Auseinandersetzungen vermeiden wollen – sowohl hinsichtlich der entsprechenden Konsumgüter als auch in Bezug auf sich selbst mit der damit verbundenen Frage: »Was braucht mein Kind *wirklich*?«
Vielen Eltern fällt es offensichtlich immer schwerer, zwischen den zwei gegensätzlichen Erziehungspolen einer »situationsangemessenen Hinwendung zum Kind« und einer »materiellen Verwöhnung« zu unterscheiden. So richtet sich eine Hin- oder Zuwendung zum Kind auf seine besondere Bedürfnislage – nämlich selbstständig zu werden, eine dem Alter entsprechende, immer stärkere Verantwortung für sein Handeln zu übernehmen, Optimismus zu erleben, um perspektivisch denken und handeln zu können oder Zuspruch zu erfahren, wenn ein Kind einfach nicht mehr weiterweiß. Verwöhnung hingegen orientiert sich kaum an den Bedürfnissen eines Kindes, sondern vielmehr an dessen Wünschen und der Befriedigung von eigenen Bedürfnissen! Beispielsweise dem Bedürfnis, längeren Diskussionen mit einem Kind aus dem Weg zu gehen, seine Ruhe haben zu wollen, das Kind mit der Wunscherfüllung »abspeisen« zu wollen, eigenen und damit in notgedrungener Weise selbstkritischen Fragen zur Erziehungskompetenz auszuweichen und letztlich sich aus einer bestehenden Erziehungsverantwortung herauszustehlen.
Häufig sind es eher stark belastete Eltern, die ihre Kinder verwöhnen, um nicht zusätzlichen Konflikten ausgesetzt zu sein. So führt der Wunsch nach einer unerreichbaren »Harmonie« zu diesem elterlichen Verhaltensmerkmal, ohne dass Eltern wirklich verstehen, dass dies letztlich ein unerreichbarer Wunsch bleiben muss, weil die Konfliktursache unbearbeitet bleibt. Und Kinder kommen ohne irgendein Leistungsverhalten zu einer Form der Belohnung, die im weiteren Verlauf eine Verwöhnungsspirale in Gang setzt.

Dr. Albert Wunsch, ein bekannter Erziehungswissenschaftler aus Neuss, hat einmal die Aussage geprägt: »Verwöhnen und Gewöhnen werden ein Paar.« Kinder gewinnen durch die Verwöhnungsaktivitäten der Eltern den Eindruck, dass es sich wie in einem Schlaraffenland (zumindest oberflächlich betrachtet) sehr gut leben lässt. Je lauter ein Kind schreit oder je stärker ein Kind auf andere Weise auf seinem Wunsch besteht, desto wahrscheinlicher wird es für das Kind, auf eine sehr einfache Form alles zu erhalten, was sein Herz begehrt. Gleichzeitig – und aus erziehungspsychologischer Sicht schon lange bewiesen – nimmt bei Kindern die Anstrengungsbereitschaft, tatsächlich etwas zu leisten, ab. Eine Persönlichkeitsentwicklung im Hinblick auf Leistungsmotivation und Lernfreude ist so dem Untergang gewidmet.
Dazu noch einmal Dr. Wunsch: »Die zukünftige Generation wird zu kraftlosen, ängstlichen, leistungsschwachen, unmotivierten und angepassten Egoisten, die sich nach Versorgtsein sehnen. Aber auf Dauer wird die vorgegaukelte Leichtigkeit des Seins zur Unerträglichkeit.« (Wunsch 1998, S. 89)
Laut einer Studie von »Bravo Faktor Jugend« kennen Jugendliche heute schon mehr als 130 Modemarken und -ketten, nicht aber, wie Konflikte kommunikationsfreundlich und wertschätzend ausgetragen werden. Und mehr als 70 Prozent aller Jugendlichen gehen laut derselben Studie inzwischen davon aus, dass Aussehen wichtiger wird als der Charakter des Menschen. Gleichzeitig äußern sie sich in der Form, dass ihnen Mode in der eigenen Lebensgestaltung nahezu so viel bedeutet wie die eigene Familie.
Es gab vor einigen Jahren einen Hit, in dem es hieß: »Ich will alles, ich will alles und noch viel mehr« – welch ein Sinnbild für das, was Kinder *wollen*! Doch wenn Eltern an die Stelle von Kinderwünschen die Frage stellen, was Kinder *brauchen*, damit sich entsprechende Persönlichkeitsentwick-

lungen in Kindern vollziehen können, kämen sie zur hohen Bedeutung von persönlichkeitsbildenden *Werten*, die eine verantwortungsvolle elterliche Pädagogik prägen sollten.
Werte sind dem Menschen dabei hilfreich, in ihnen eine handlungsleitende Orientierung zu sehen, um sich mit *persönlich bedeutsamen Maßstäben* im Leben zu bewegen und entsprechend werteorientiert mit sich und anderen, der gegenständlichen und naturgeprägten Welt umzugehen. Der Sozialwissenschaftler Karl Stanjek nutzt dazu die Metapher von Schiffen und Leuchttürmen. So wie ein Leuchtturm eine Orientierung für Schiffe darstellt, so bieten Werte den Menschen einen Richtungsmaßstab für ihr Denken, Fühlen und Handeln. Werte tragen ihren *Bedeutungswert* in ihrer Ausrichtung auf Ziele, die für den einzelnen Menschen bedeutsam sind, beispielsweise, wenn es darum geht, eigene Bedürfnisse oder Wünsche egozentristisch durchzusetzen oder stattdessen eigene Vorstellungen mit den Vorstellungen anderer Menschen abzuwägen.
In einer demokratischen Gesellschaft findet sich im Unterschied zu autoritären Staaten immer ein Wertepluralismus. Das bedeutet, dass es viele unterschiedliche Werte und Wertvorstellungen gibt, die zum Teil deckungsgleich sind, sich ergänzen oder auch widersprechen können. Bedeutsam ist allerdings in einer demokratisch-humanistisch geprägten Gesellschaft, dass Werte trotz ihrer Vielfalt und Gegensätzlichkeit zu einer grundsätzlich respektvollen Umgangskultur beitragen.
Ein Blick in die heutige Zeit lässt immer wieder zwei Begriffe in den Vordergrund rücken. Zum einen ist vermehrt von einem *Werteverfall* die Rede, indem beispielsweise auf die Abnahme von Hilfsbereitschaft, auf Beziehungskälte zwischen den Menschen, Rücksichtslosigkeit im Umgang miteinander, Unfreundlichkeit, Ablehnung von Verantwortungsübernahme oder eine immer stärker ausgeprägte Kon-

sumorientierung hingewiesen wird. Zum anderen hört man auch den Begriff der *Werteverschiebung*. Galten früher Werte wie Anpassungsfähigkeit an Gegebenheiten, Gehorsam, Bescheidenheit, Fleiß oder Pünktlichkeit als erstrebenswerte Werte, gelten in der heutigen Zeit eher Selbstverwirklichung, Selbstentfaltung, Partizipation, Kritikfähigkeit, Durchsetzungsfähigkeit, Zivilcourage, Unabhängigkeit und Spaß als Werte leitende Maßstäbe.

Eine Bestandsaufnahme zum Bedeutungswert der einzelnen Werte ist dringend geboten, zeigt sich doch, dass nicht automatisch alle »alten Werte« wertlos und damit überflüssig zu sein scheinen und dass nicht alle »neuen Werte« wertvoll sind. Vielmehr leiten bedeutsame Werte ihren Bedeutungsgehalt *immer* aus der Beantwortung der Frage ab, inwieweit sie für eine Stabilisierung bzw. Weiterentwicklung einer demokratischen Gesellschaft (im Großen betrachtet) und für eine humanistisch geprägte Umgangskultur (im Kleinen gesehen) hilfreich und notwendig sind. So zeigen uns viele Alltagsbeispiele, dass eine »Spaßgesellschaft« hauptsächlich einer egozentrischen Wunschbefriedigung nachgeht und damit sozialgeprägten Werten (zum Beispiel Rücksichtnahme auf andere, Mitverantwortung für das Wohlergehen anderer, Aufgabenerfüllung im Dienste der Gemeinschaft usw.) keine wesentliche Bedeutung beimisst.

Werte können auch mit den Begriffen *persönliche Einstellungen, Einschätzungen, Sichtweisen, individuell geprägte Wahrheiten, eigene Lebensphilosophien oder innerliche Grundsätze im Leben* beschrieben werden. So kann ein Mensch beispielsweise die grundsätzliche Einstellung in sich tragen, »Dankbarkeit zeigen« sei etwas Wertvolles im Umgang mit anderen Menschen. Andere wiederum können »Dankbarkeit ausdrücken« als eine völlig überholte und veraltete Einstellung ablehnen und sich nach dem Motto verhalten: »Wenn mir jemand etwas schenkt – gut. Dann gehört mir das Geschenk und damit ist die Angelegenheit abgeschlossen.« Werte müssen in ihrer hohen Bedeutung erfasst werden, um auch tatsächlich »verinnerlicht« (= innerlich angenommen) zu werden. Dadurch können sie zu festen, lebenslang bedeutsamen Persönlichkeitsmerkmalen werden.

In der elterlichen Pädagogik müssen Werte durch die Eltern vorgelebt werden und für Kinder erlebbar werden, wenn sie für Kinder bedeutsam werden sollen und von ihnen auch selbst auf- und angenommen werden wollen. Getreu dem alten Leitbild der Pädagogik von Heinrich Pestalozzi: »Erziehung ist Liebe und Vorbild. Sonst nichts.«

So stellt sich nun die Frage, was im konkreten Fall unter einer *Wertebildung* bei Kindern verstanden werden kann. Zunächst ist es hilfreich, die unterschiedlichen Werte zu ordnen, um eine übersichtliche Struktur zu erhalten. Aus Sicht der Eltern können vier »Wertearten« unterschieden werden:

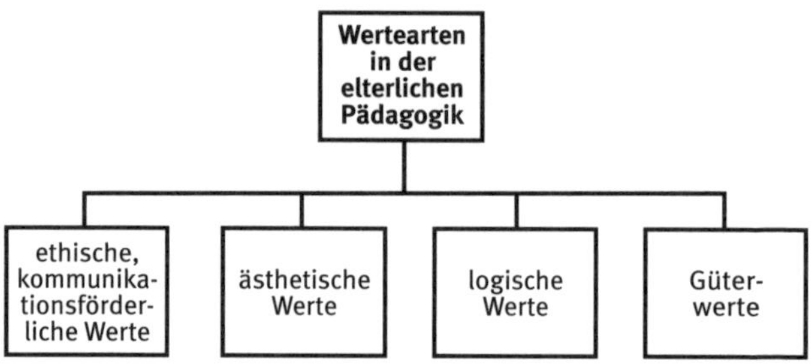

## WERTEARTEN UND IHRE INHALTLICHEN SCHWERPUNKTE

### Ethische, kommunikationsförderliche Werte

- Verzicht auf persönliche Eitelkeiten, um nicht in selbstsüchtige Verhaltensweisen zu fallen und damit mehr auf sich als auf die Bedürfnisse von Kindern zu achten;
- weitgehende Vorurteilsfreiheit besitzen, um Kindern wahrnehmungsoffen entgegentreten zu können, sodass sie sich verstanden und mit ihren Ausdrucksformen und Meinungen wertgeschätzt fühlen;
- Vergebung von Schuld, damit sich auch nach Konflikten oder »Missetaten« der Kinder wieder ein freundlicher Umgang aufbauen und weiterentwickeln kann;
- Ehrlichkeit als Grundlage des eigenen Lebens, um mit der Zeit immer stärker und ausgeprägter zu einem »ungeschönten« Selbstbild zu finden und sich bzw. der Familie eine Kommunikation zu ermöglichen, die durch Wahrheit geprägt ist;
- Dankbarkeit zeigen, um nicht die ungezählten Glücksmomente des Lebens als Selbstverständlichkeit einzustufen und mit der Zeit gar nicht mehr wahrzunehmen;
- Gewaltlosigkeit zur inneren Grundsatzeinstellung erklären und gleichzeitig dafür sorgen, dass jede Form der Gewaltanwendung überflüssig bzw. vermieden wird. Gewalt erzeugt Ängste und Widerstände bei Kindern und blockiert Lernprozesse;
- Gerechtigkeitsempfinden besitzen, um Kindern die Bedeutung einer Gleichwertigkeit zu vermitteln;
- Zuverlässigkeit zeigen, um für Kinder grundsätzlich einschätzbar zu sein. Zuverlässigkeit baut ein Sicherheitserleben in Kindern auf und bildet die Grundlage für eine vertrauensvolle Beziehungsebene;

- Achtsamkeit im Umgang mit Kindern, Tieren und der Natur an den Tag legen, um auf der einen Seite verantwortungsvolle Beziehungen aufzubauen bzw. einen wertschätzenden Umgang zu pflegen und auf der anderen Seite dafür Sorge zu tragen, dass nicht durch vorschnelle oder unüberlegte Handlungen Beziehungen gestört werden bzw. vorschnelle Entscheidungen destruktive Auswirkungen haben können;
- Freundlichkeit ausdrücken, um damit eine grundsätzliche Offenheit für Gespräche mit Kindern zu ermöglichen.

### Ästhetische Werte

- Die eigenen Sprach- und Sprechfertigkeiten in der Form entwickeln, dass auf der einen Seite großer Wert auf eine sorgsame Wortwahl- und -nutzung gelegt und auf der anderen Seite eine klare, verständliche Unterhaltung gepflegt werden kann;
- Musik als einen wesentlichen Bestandteil der Kultur begreifen, diese gemeinsam mit Kindern erleben und selbst aktiv Musik machen;
- Interesse an Kunst, Kunstgeschichte, Stilepochen, Kunstrichtungen, Kunsttechniken und Kunstgegenständen zeigen, selbst Kunstgegenstände herstellen und dabei den Kindern ermöglichen, eigene Talente zu entdecken;
- Fantasien im Umgang mit Materialien, Formen und Farben entwickeln und in entsprechenden Werkaktionen umsetzen, sodass Kinder den ganzen Reichtum einer Werkkultur erfahren können;
- Gesang als eine wesentliche Ausdrucksform mit Kindern entdecken, nutzen und pflegen, um die Stimme nicht nur in der Funktionalität der Sprache einzusetzen.

- Soziales Engagement zeigen, um aktiv an einer humanen Welt mitzuarbeiten und den Kindern auch außerhalb der Familie ein soziales Vorbild zu sein;
- Verantwortung für die Dinge im Leben übernehmen, die man selbst getan und die man selbst unterlassen hat. Dadurch merken Kinder, wie man selbst in Verantwortlichkeiten steckt und welche Verantwortung man selbst für den Verlauf von Ereignissen trägt;
- verstärktes Zuständigkeitsempfinden spüren, wenn es darum geht, dass die eigene Person, der eigene Einsatz oder das selbstständige Handeln nötig und gefragt ist. Ein solches Zuständigkeitsempfinden verlangt Anstrengungsbereitschaft – ein Verhaltensmerkmal, das Kinder hierzulande immer weniger in ihrem sozialen Umfeld beobachten können;
- kreatives Denken und Handeln beherrschen, um bei neuartigen oder schwierigen Aufgabenstellungen und Problemen auch neuartige Lösungswege zu entwickeln. Damit wird Kindern auch deutlich, dass es bei Schwierigkeiten stets unterschiedliche Lösungsmöglichkeiten gibt, die allerdings selbst entdeckt, erarbeitet und umgesetzt werden wollen;
- eine differenzierte Wahrnehmung entwickeln, um immer wieder die vielfältigen, unterschiedlichen Aufgabenstellungen sorgsam betrachten zu können. Kindern wird dadurch klar, dass es sich lohnt, mit Zeit und Ruhe die Ausgangssituationen für Handlungsschritte zu betrachten;
- Hintergründe für Gegebenheiten suchen und erkennen, um Sinnverbindungen und kausale Vernetzungen zu identifizieren. Kinder erleben dadurch, dass es sinnvoll ist, »den Dingen auf den Grund zu gehen«.

- perspektivisches Denken entwickeln, um auch bei schwierigen Problemen oder Problemstellungen den Blick in Richtung Neuorientierung und »Machbarkeit« zu wenden. Kinder bemerken dadurch den lebensprägenden Optimismus, der bei schwierigen Aufgabenstellungen weiterhilft;
- Vergleiche anstellen zwischen den Ergebnissen eines früheren Handelns (und den erzielten »Erfolgen« bzw. »Misserfolgen«) und den jetzigen Handlungsstrategien, um Kindern zu zeigen: Es ist immer wieder hilfreich, aus Erfahrungen Konsequenzen zu ziehen;
- stets auf neue Fragen stoßen, um die eigene Denkentwicklung zu fördern und die eigene Wissenskapazität kontinuierlich zu erweitern. Kinder gelangen nur in einer durch Neugierde geprägten Welt immer wieder zu neuen Fragestellungen und entwickeln dadurch ganz nebenbei ein aktives Lerninteresse;
- Anstrengungsbereitschaft aufbringen, um auch schwierigere Aufgabenstellungen und Problembereiche erfolgreich angehen und meistern zu können. Dadurch wird die alte Wahrheit bestätigt: »Ohne Fleiß kein Preis«;
- Selbstständigkeit an den Tag legen, wenn es darum geht, neue Aufgabenstellungen zu entdecken und diese unaufgefordert zu erledigen. Kinder erfahren auf diese Weise, dass es im Leben darauf ankommt, auch ohne Aufforderungen von anderen Menschen notwendige Dinge zu erledigen.

### Güterwerte

- Materielle Güter teilen und abgeben können, um Kinder am eigenen Glück bzw. an der eigenen Zufriedenheit teilhaben zu lassen;

- eigene Begabungen und besondere Talente mit Kindern teilen, damit auch sie die Möglichkeit erhalten, neue Erlebniswelten zu entdecken;
- sorgsam mit den Alltagsressourcen (Wasser, Luft, Strom) umgehen, um Kinder darauf hinzuweisen, dass auch im Alltag genutzte Energien nicht zur Verschwendung da sind;
- sorgsam mit der Nahrung umgehen, damit Kinder erleben, dass Nahrung einen hohen Wert besitzt und beispielsweise nicht zum Wegwerfen da ist;
- kritischen Umgang mit materiellen Werten pflegen, um Kindern zu zeigen, dass man nicht alles haben muss, was man vielleicht gerne hätte;
- gezielt und auswählend mit Medien umgehen, wodurch Kinder lernen, dass es neben dem Fernsehen, der Nutzung des Computers, den Computer- oder Videospielen noch andere, weitaus bessere Freizeitaktivitäten gibt;
- Zurückhaltung üben gegenüber den eigenen Wünschen, stets das neueste Produkt bestimmter »Begierden« haben zu müssen – sei es das neueste Handy, der neueste Handy-Klingelton, das neueste Computerspiel oder der neueste Flachbildfernseher.

Wertebildung wird aus diesem Verständnis heraus als ein persönlichkeitsbildender und nachhaltiger Entwicklungsprozess in Kindern angesehen, der sich in erster Linie auf emotional-soziale und handlungsorientierte Fähigkeiten bezieht – ausgerichtet auf bedeutsame Einstellungen, Werte und Sichtweisen, die fruchtbare, soziale Beziehungen ebenso zulassen wie eine persönliche Weiterentwicklung. In diesem Zusammenhang machen neurophysiologische und aktuelle entwicklungspsychologische Untersuchungen immer wieder deutlich, dass Bildungsprozesse im Sinne einer Werteentwicklung nicht nach dem Gedankenmodell einer Warenvermittlung funktionieren. *Werte können einem Menschen nicht »beigebracht« werden.* Nach wie vor wird eine Wertebildung in Menschen nur dann in Gang gebracht, wenn sie aus ihrer persönlichen Sicht den familiär erlebten Werten Bedeutung beimessen. Und dazu bedarf es positiv erlebter Beziehungen zu den Eltern.

Der Bildungsforscher Prof. Dr. Gerd E. Schäfer betont immer wieder: »Bildung hat etwas mit Selbstständigkeit zu tun. Man kann nicht gebildet werden, bilden muss man sich selbst.« Und der Bildungsforscher Hans-Joachim Laewen drückte es schon vor Jahren auf einer Fachtagung in Potsdam am 27./28.1.1998 so aus: »Das Kind ist also nicht auf Vermittlung in Form von Belehrung angewiesen, sondern strebt von sich aus nach Weltdeutung und Handlungskompetenz.« Und dazu braucht das Kind elterliche Vorbilder!

Werte können sich in Kindern am besten dann aufbauen und entwickeln, wenn sie Eltern erleben, die

- selbst Freude am Entdecken neuer Erfahrungs- und Lernmöglichkeiten haben;
- »Scharfsinn« in der sorgsamen Betrachtung von Ereignissen wertschätzen, genaue BeobachterInnen von Ereignissen sind und Dinge sehr genau betrachten;
- ihre Konzentration auf das Wesentliche ausrichten und sich in Gesprächen mit Kindern nicht von nebensächlichen Äußerlichkeiten ablenken lassen;
- eine eigene Wertebildung und Werteausrichtung in ihrem Leben zu ihrer verantwortungsvollen Lebensgestaltung zählen;
- eine Liebe zur Ästhetik im Umgang mit sich, anderen Menschen, der Kunst und Kultur spüren;
- die pure Freude an einer Selbstentwicklung und Entdeckung eigener Potenziale besitzen;

- Spiritualität in der Auseinandersetzung mit sich, der Welt, den Sinnfragen des Lebens und anderen Menschen in sich tragen und diese auch gerade im Umgang mit Kindern einbringen;
- Respekt vor (den Gesetzen) der Natur haben und immer wieder über die vielfältigen Naturwunder staunen können;
- es als eine wesentliche Aufgabe in ihrem eigenen Leben ansehen, ihre eigene Emotionalität zu betrachten, und sich immer wieder fragen, ob der Ausdruck ihrer Gefühle im alltäglichen Umgang mit Kindern eine eher entwicklungsförderliche oder entwicklungshinderliche Auswirkung auf Kinder hat;
- ein tiefes Interesse an Geschichte, Kunst, Musik und Sprache besitzen.

**Wir finden unsere größten Chancen und Gelegenheiten zu wachsen jenseits unserer Bequemlichkeitsbremse.**
***Neale Donald Walsch***

Kinder müssen in ihrem Leben ihr Elternhaus als einen Raum erleben, der den Kindern eine *Wertebildung* ermöglicht. Dazu gehört, dass Eltern sich selbst als die ausschlaggebenden Werteträger verstehen. »Werte«, so schreibt Elke Leger, »die wir unseren Kindern mitgeben wollen, dürfen nicht auf kaltem Wege vermittelt werden, sondern verlangen die Beteiligung unseres Herzens. Wer seinen Kindern soziale Spielregeln beibringen möchte, muss sie vorleben, im ganz normalen Alltag, darf nicht verletzt oder enttäuscht sein, wenn das Kind erst langsam hineinwachsen muss in sein soziales Umfeld und sich manchmal so verhält, dass wir entsetzt sind. Denn so wie das Kind lernen musste zu laufen, zu sprechen und die Gummistiefel richtig herum anzuzie-

hen, so muss es auch lernen, mit anderen Menschen zurechtzukommen durch unser Vorbild.« (Leger 2006, S. 12)
Eine Wertebildung kann nur dann geschehen und muss daher darauf ausgerichtet sein, dass Kinder und Jugendliche

- Sicherheit, Geborgenheit und Verlässlichkeit in Beziehungen zu ihren Eltern erleben und damit Zutrauen zu sich selbst und anderen Menschen aufbauen können;
- ohne Angst, Unter- oder Überforderung in eigene Entwicklungsprozesse hineinfinden, um sich zunächst selbst zu entdecken, sich selbst annehmen zu können und sich selbst zu mögen;
- sich und ihr soziales Umfeld sinnvoll und reichhaltig erfahren und begreifen können, ohne von sich abgelenkt oder ständig in ihrer Entwicklung gestört zu werden;
- Selbstständigkeit und Unabhängigkeit von klein auf entwickeln können;
- bei der Suche nach ihrer eigenen, unverwechselbaren Identität auf viele Sinnfragen stoßen (können) und in Erwachsenen PartnerInnen finden, die gemeinsam mit ihnen auf die spannende Suche nach Antworten gehen.

Was heute notwendig ist, ist eine für Kinder erfahrbare Welt – ihre Familienwelt –, in der es Menschen (also Eltern) gibt, die selbst einen Wertevorrat besitzen. Werte, Moral, Ethik und Tugenden geben einem Leben seinen Sinn und sind die Garanten für eine menschlich geprägte Gesellschaft, die Kinder später einmal als Jugendliche und Erwachsene mitgestalten.
So drückt sich eine aktuelle Wertebildung Tag für Tag zunächst in einer intensiv erlebbaren, wertschätzenden und damit Sicherheit gebenden Kommunikationskultur zwischen Eltern und ihren Kindern aus. Darüber hinaus zeigt sie sich in einer von Eltern vorbildhaften Sprachkultur, einer

aktiv gepflegten Freizeitkultur, einer konstruktiv gestalteten Konfliktkultur, einer wirklich geachteten Esskultur sowie einer den Kindern zugestandenen Spielkultur. Wertebildung ist demnach ein häusliches Kulturerleben und sorgt nebenbei für die Grundlagen einer emotional-sozialen Intelligenz bei Kindern.

**Im Grunde sind es immer die Verbindungen mit Menschen, die dem Leben seinen Wert geben.**
***Wilhelm von Humboldt***

## Die emotional-soziale Intelligenz als Basis einer erfolgreichen Lebensgestaltung

**Jedes Kind hat das Recht zu lernen, zu spielen, zu lachen, zu träumen, zu lieben, anderer Ansicht zu sein, vorwärtszukommen und sich zu verwirklichen.**
*Hall-Denis-Report*

Eine vor Kurzem veröffentlichte Studie aus den USA erbrachte folgendes Ergebnis: Ein 18-Jähriger hat im statistischen Mittel in seinem bisherigen Leben 13 000 Stunden in der Schule und 25 000 Stunden vor dem Fernseher verbracht. Er hat dabei ca. 32 000 Morde und ca. 200 000 Gewalttaten gesehen. Betrachtet man weiterhin die dargestellten Gewalttaten, so ergibt sich folgendes Bild: In nur etwa 4 % aller Gewaltdarstellungen werden gewaltfreie Konfliktlösemöglichkeiten thematisiert, in über 50 % der Fälle tut die dargestellte Gewalt nicht weh (es wird darüber gelacht) und in über 70 % aller Fälle kommt der Gewaltakteur ohne Strafe oder Rechenschaft davon.
Nun könnte man sagen: Diese Schreckensbilder aus den USA sind weit von Deutschland entfernt.
Szenenwechsel: In der »Betriebsanleitung« des deutschsprachigen Computerspiels »Der Pate« ist Folgendes zu lesen: »Naht das Ende Ihres Kontrahenten, töten Sie ihn oder gewähren Sie ihm eine letzte Galgenfrist. Dank des Präzisionsmodus können Sie nicht lebenswichtige Schwachpunkte Ihres Gegners anvisieren. Dadurch lebt er lange genug, um Ihnen zu erzählen, was er weiß. Möchten Sie verhindern, dass er flieht, verpassen Sie ihm einfach eine Kugel in sein Bein ...« Und schaut man sich dieses »Spiel« näher an, dann

sieht man ein Opfer, das sich vor Schmerzen auf dem Boden krümmt, man hört das Krachen von Knochen und nebenan spritzt nur so das Blut. Gleichzeitig wächst mit jedem getöteten Gegner der eigene Punktestand und jedes Foltern wird extra belohnt. Dieser Horror wird außerdem die ganze Zeit über mit Schreien, Stöhnen und dem Geratter von Maschinengewehren akustisch untermalt. Auch wenn das Spiel erst ab 18 Jahren offiziell freigegeben ist: Die Praxis zeigt, dass es immer häufiger vor allem sechs- bis zehnjährige Jungen spielen.

Mit Sorge muss festgestellt werden, dass eine wachsende Zahl von Kindern und Jugendlichen (und hier sind es auch vor allem Jungen) tagtäglich viele Stunden wie hypnotisiert vor ihrem Computer sitzt und dabei hektische Scheinwelten erlebt – mit sonderbar erscheinenden Abenteuern und harten Bewährungsproben für ihre Macht und Stärke, die sie sich selbst und anderen offensichtlich beweisen müssen. (Anmerkung: Wer glaubt, etwas beweisen zu müssen, hat stets ein eingeschränktes Selbstwertgefühl!)

Im Buch *Computersüchtig* von Wolfgang Bergmann und dem bekannten Hirnforscher, Prof. Dr. Gerald Hüther, heißt es in diesem Zusammenhang: »Sie verlassen selbst bei schönstem Wetter ihr Zimmer nicht mehr, hocken wie gebannt vor dem Computer; sie vernachlässigen ihren Körper (...) sie essen wenig und widerwillig, sie schlafen kaum (...) Übermüdet und desinteressiert sitzen sie in der Schule (...) letztlich empfinden sie ihre soziale Umwelt als Last.« (Zitiert aus: *Kieler Nachrichten [KN], Journal Computer*, 14.10.2006, S.7) Beiden Autoren geht es in ihrer Publikation vor allem darum, aufzuzeigen, wie Eltern, Schule und die Politik mit folgenschweren Fehlern dazu beigetragen haben, dass es nun so ist, wie es ist. Solange Kinder und Jugendliche keine Alternativen sehen, ihre Freizeit anders als mit virtuellen Computerspielen zu verbringen, solange wird für sie dieser permanente Sinnesreiz wie eine Droge wirken. Dabei ist es besonders gefährlich, dass sich mit der Zeit – nachweislich – das nach Reizen gierende Hirn an die in den Computerspielen gestellten Aufgaben und angebotenen Belohnungen anpasst. Mit der Folge, dass das »normale« Leben als langweilig, uninteressant, völlig dumpf und ohne Attraktivität erlebt wird.

Genau an dieser Schnittstelle kommt nun die Bedeutung der emotional-sozialen Intelligenz in der Entwicklung von Kindern ins Spiel, wenn Prof. Dr. Gerald Hüther in einem Interview der *Kieler Nachrichten* sagt: »Mehr und mehr Kinder vermissen in der von uns gestalteten Lebenswelt etwas ganz Entscheidendes – nämlich Möglichkeiten, ihre wirklich wichtigen Bedürfnisse zu stillen.« Weil dies oft misslinge, »suchen Kinder Ersatzbefriedigungen. So werden Computerspiele zu dem, was für Beinamputierte die Krücke ist – ein Bedürfnis, das aus einem Mangel entsteht.« Eltern müssen daher für etwas sorgen, was immer mehr Kinder und Jugendliche offensichtlich nur noch in Computerspielen finden: zum Beispiel klare und verlässliche Strukturen und Regeln, aufregende Entdeckungen im Alltag, Vorbilder zum Nacheifern sowie Gefahren, die man überwinden kann.

Weiter beklagt Hüther im genannten Interview: »Was Kinder – übrigens nicht nur nach Computerspielen – süchtig macht, ist das durchorganisierte, in jeder Hinsicht abgesicherte, kontrollierte, verplante und bis in jede Minute ausgefüllte Leben. Ein Leben, das ebenso satt wie unzufrieden macht und das wir ihnen in vielen Familien und Kindergärten, in Tagesstätten und Schulen anbieten oder gar aufzwingen. Im Bemühen, die Kinder so gut wie möglich auf das spätere Leben vorzubereiten, haben wir die Erziehungseinrichtungen zu perfekt organisierten und reibungslos funktionierenden Friedhöfen gemacht. Dort können die Kinder nun noch früher als wir selbst damals lernen, wie man seine ursprüngliche Lebendigkeit begräbt. Auferstehen kann diese oft nur noch im Computerspiel.« (*Kieler Nachrichten, Journal Computer*, 14.10.2006, S. 7)

Eines darf in diesem Zusammenhang nicht vergessen werden: Kinder erlernen ihren Umgang mit Medien nicht zuletzt durch bzw. von ihren Eltern. Es ist daher bedenklich zu wissen, dass ca. 85 % der Eltern von Kindern im Kindergartenalter täglich fernsehen, 60 % hören täglich über längere Zeit Radio und 30 % telefonieren täglich über eine längere Zeitspanne mit ihrem Handy. Im Schnitt sehen die zwei- bis fünfjährigen Kinder täglich 93 Minuten fern und hören dazu ca. 60 Minuten Radio und CDs oder Kassetten. Kinder wiederholen das, was Eltern ihnen vorleben.

1990 wurde der Begriff »emotionale Intelligenz« von den Psychologen John Mayer von der University of New Hampshire und Peter Salovey von der Harvard University zum ersten Mal benutzt und in die Öffentlichkeit gebracht. Die beiden nahmen eine kritische Bestandsaufnahme der bis dahin üblichen Intelligenzdefinition vor, die in den 20er-Jahren des letzten Jahrhunderts entstanden war und mit den entsprechenden Messkriterien unaufhaltsam in die Wissenschaft Einzug gehalten hatte. So galt die Höhe des Intelligenzquotienten (IQ) als Garant für eine erfolgreiche Lebens- und Berufsgestaltung. Man glaubte, dass die intellektuellen Fertigkeiten eines Menschen (vor allem sein Wissen) eine zuverlässige Aussage darüber zulassen, wie hoch es jemand später auf der Karriereleiter schafft.

Neuere Untersuchungen haben dagegen immer wieder deutlich gemacht, dass es weniger der IQ als vielmehr der EQ (emotionale Quotient) ist, der weitaus stärker Lebenserfolg ermöglicht. So geht es beispielsweise darum,

- bei schwierigen Herausforderungen Anstrengungsbereitschaft und Durchhaltevermögen zu zeigen;

- kritische Augenblicke im Leben mit Weitsicht und Sorgsamkeit zu betrachten, um entwicklungsförderliche Konsequenzen zu ziehen;
- Belastungen zu analysieren und Lösungsstrategien zu entwickeln, ohne sich von den Belastungsfaktoren niederdrücken zu lassen;
- schwierige Lebensphasen mit konstruktiv gesetzten Zielen zu überwinden;
- sich mit den Aufgabenstellungen bzw. der Arbeit zu identifizieren, um ganz bei der Sache sein zu können;
- immer wieder die eigenen Kräfte anzuregen, um entsprechend selbst gesetzte Ziele zu erreichen;
- Lernfreude zu entwickeln und den Wunsch in sich zu tragen, immer tiefere Erkenntnisse zu gewinnen;
- Einfluss auf Menschen und Situationen zu nehmen, um Situationen verändern zu können;
- sich von inneren, biografisch begründeten Zwängen zu befreien und stets aufs Neue weitere eigene Entwicklungsmöglichkeiten zu entdecken;
- begründete Standpunkte zu entwickeln und zu vertreten;
- Neues, Ungewohntes auszuprobieren und vielleicht sogar Angst auslösende Gedanken zu überwinden;
- Selbstständigkeit und Unabhängigkeit unter Beweis zu stellen, um im Alltag immer wieder selbstverantwortlich zu handeln.

Selbstzweifel, mangelnde Disziplin, fehlende Verantwortungsübernahme, eingeschränktes Selbstwertgefühl, Mutlosigkeit, falsche Selbsteinschätzung, fehlende Lernfreude oder mangelhafte Arbeitsmotivation sind die häufigsten Merkmale, die eine berufliche Karriere oder ein persönliches Glückserleben zunichtemachen. Da kann der IQ noch so hoch sein.

Mihaly Csikszentmihalyi, bekannter Psychologie-Professor an der University of Chicago, konnte in seinen über 20-jährigen Forschungsarbeiten nachweisen, dass sich vor allem dann Erfolg im Beruf – wie auch im privaten Leben – einstellt, wenn man die Aufgaben mit großer Freude erfüllt. Er nennt diesen Zustand, in dem Höchstleistungen scheinbar mühelos erbracht werden, »flow« (= fließen) und kommt zu dem Schluss: Sich auf das Fließen einzulassen, ist die höchste Form der emotional-sozialen Intelligenz. Und wenn uns die Ergebnisse der Hirnforschung gezeigt haben, dass Verstand und Vernunft in die ganze Emotionalität des Menschen integriert sind und gefühlsmäßig besetzte Reize auf fast alle Bereiche unserer Großhirnrinde wirken, die wiederum unsere weitere Wahrnehmung und unsere zukünftigen Denkabläufe steuert, dann wird spätestens an dieser Stelle die hohe Wertigkeit der emotionalen Intelligenz deutlich. Es ist nicht verwunderlich, wenn im Rahmen der Bildung im 21. Jahrhundert die *emotional-soziale Intelligenz* als eine *wesentliche Schlüsselqualifikation* betrachtet wird.

**Die meisten Menschen wissen gar nicht, wie schön die Welt ist und wie viel Pracht in den kleinsten Dingen, in irgendeiner Blume, einem Stein, einer Baumrinde oder einem Birkenblatt sich offenbart. Die erwachsenen Menschen, die Geschäfte und Sorgen haben und sich mit lauter Kleinigkeiten quälen, verlieren allmählich ganz den Blick für diese Reichtümer, welche die Kinder, wenn sie aufmerksam und gut sind, bald bemerken und mit ganzem Herzen lieben.**

***Rainer Maria Rilke***

Kinder, Jugendliche und Erwachsene, die gelernt haben, sowohl mit ihren eigenen Emotionen als auch mit den Gefühlen ihrer Mitmenschen sorgsam umzugehen, sind in der

Lage, ihr kognitives Potenzial sehr weit auszuschöpfen. Gleichzeitig verfügen sie über effektive Problemlösungsstrategien, über ein stabiles Krisenmanagement – und vor allem sind ihnen Alternativen zu Computerspielen, Gewalt und Drogennutzung bekannt.
Wenn die menschlichen Gefühle – bildlich betrachtet – als ein Orchester bezeichnet werden, dann braucht jedes Gefühlsorchester auch einen Dirigenten. Es muss den Eltern gelingen, Kindern dabei zu helfen, ihr eigener Emotionsdirigent zu werden. Denn schaut man sich die vielen Mitspieler im Orchester genauer an, wird einem die emotionale Beteiligung in allen Lebenslagen deutlich: Angst, Wut, Furchtsamkeit, Empörung, Nervosität, Groll, Besorgnis, Aufgebrachtheit, Bestürzung, Entrüstung, Bangigkeit, Verärgerung, Leid, Verbitterung, Kummer, Verletztheit, Trübsal, Verdrossenheit, Einsamkeit, Niedergeschlagenheit, Hass, Verzweiflung, Gewaltbereitschaft, Zaghaftigkeit, Gereiztheit, Anbetung, Entsetzen, Hingabe, Panik, Güte, Glückserleben, Freundlichkeit, Erstaunen, Verwunderung,

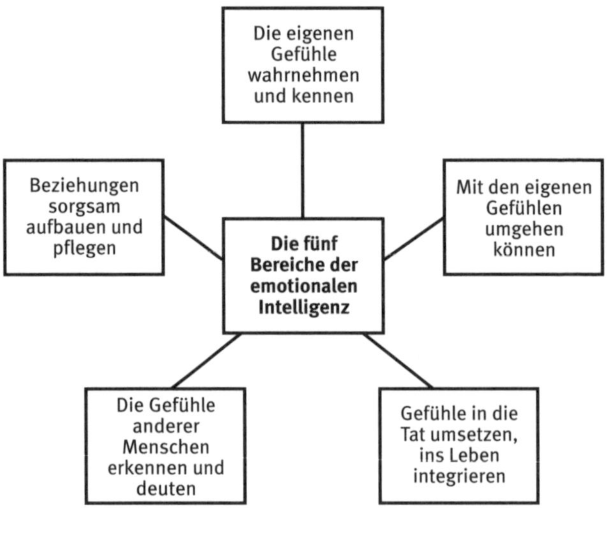

Behaglichkeit, Glückseligkeit, Entzücken, Ekstase, Verachtung, Verlegenheit, Kränkung, Demütigung, Überdruss, Verwunderung ...
Die emotional-soziale Intelligenz umfasst also die Fähigkeit, die eigenen Gefühle zu erkennen und deuten zu können sowie die Gefühle der Mitmenschen zu sehen und zu verstehen, um in einer wertschätzenden Form miteinander umzugehen. Gleichzeitig schaffen es Menschen mit einem ausgeprägten EQ, sich selbst zu motivieren (um Ziele zu erreichen) und darüber hinaus die eigenen Gefühle entwicklungsförderlich zu steuern.

In einer alten japanischen Legende, so heißt es, forderte einst ein kämpferischer Samurai einen Zenpriester auf, ihm Himmel und Hölle zu erklären. Der Priester erwiderte verächtlich: »Du bist nichts als ein Flegel, mit deinesgleichen vergeude ich nicht meine Zeit.« In seiner Ehre getroffen, wurde der Samurai rasend vor Wut. Er zog sein Schwert aus der Scheide und schrie: »Für deine Frechheit sollst du nun sterben.« »Das ist«, gab ihm der Priester gelassen zurück, »die Hölle.« Verblüfft von der Erkenntnis der Wahrheit dessen, was der Priester über die Wut gesagt hatte, die sich seiner bemächtigt hatte, beruhigte sich der Samurai, steckte sein Schwert in die Scheide und dankte dem Priester mit einer Verbeugung für die Einsicht. »Und das«, sagte der Priester, »ist der Himmel.«

# Grundlagen für eine emotional-soziale Intelligenz

## Beziehung, Bindung und Nähe als Fundament jeder Entwicklung

**Wenn es dich nicht gäbe …**

Wenn es dich nicht gäbe, wäre vieles anders.
Ich wäre nicht so fröhlich.
Ich wäre nicht so mutig.
Ich wäre nicht so hoffnungsvoll.
Wenn es dich nicht gäbe, wäre vieles anders.
Die Sonne wäre nicht so hell.
Der Mond wäre nicht so nah.
Der Himmel wäre nicht so blau.
Wenn es dich nicht gäbe, wäre vieles anders.
Mein Leben wäre nicht so bunt.
Mein Leben wäre nicht so interessant.
Mein Leben wäre nicht mein Leben.

*Diego Armando*

Wilhelm Schmid, Privatdozent an der Universität Erfurt, schreibt: »Ein früher Akt der Sorge ist der erste Schrei, eine erste Selbstbehauptung, aber das Kind bleibt noch abhängig von der Fürsorge anderer, ohne die es nicht leben könnte (...) Wie immer der Weg der Kindheit und des Heranwachsenden verläuft, es geht darum, den Umgang mit sich selbst zu erlernen und zur Sorge für sich selbst in der Lage zu sein, soll das eigene Leben nicht von anderen abhängig bleiben. Nur über die Selbstsorge wird das Leben zu einem eigenen, und nur dort, wo es Selbstaneignung gibt, kann es Selbstverantwortung geben. Sich um sich zu kümmern und doch nicht die Unbekümmertheit dabei zu verlieren – das stellt das dynamische Zentrum der kindlichen Lebenskunst dar ...« (Schmid 2003, S. 40)

Wenn der Frage nachgegangen wird, was mit dem Begriff einer »dynamischen Lebenskunst« gemeint sein kann, so ergeben sich unter anderem folgende Antworten:

- gegenwärtige positive Erlebnisse, Erfahrungen und Eindrücke genießen können;
- über eigene Entwicklungen staunen können, gerade im Rückblick auf vergangene und früher wenig taugliche Handlungsvollzüge;
- mit Offenheit, Interesse und großer Neugierde die Herausforderungen des Alltags suchen und sich ihnen mit Engagement stellen;
- alte Lebens-, einengende Fühl-, Denk- und Handlungsmuster erkennen und sich von diesen lösen können;
- Zusammenhänge von Ereignissen erkennen und herstellen können, um daraus neue Handlungsstrategien zur Lösung von Problemen zu entdecken;
- neue, unbekannte Spielräume im Rahmen eigener Verhaltensvielfalten entwickeln;
- alte, bis weit in die Vergangenheit zurückliegende Geschichten klären, um aus belastenden Verstrickungen herauszufinden;
- in möglichst vielen bedeutsamen Situationen identisch

mit sich umgehen können und sich selbst sagen: »Wie schön, dass ich geboren bin, dem Leben schenk ich einen Sinn.«

Über viele Jahrhunderte sahen WissenschaftlerInnen aus unterschiedlichen Fachdisziplinen (auch der Psychologie) ebenso wie Laien die Rationalität und Intelligenz des Menschen als die »Perle der Schöpfung« an. Das hat sich inzwischen durch vielfältige Untersuchungen relativiert, ist doch demgegenüber bekannt geworden, dass stets vor allen kognitiven Prozessen und Handlungsimpulsen die *Emotionen* die entscheidenden Impulse dafür geben, in welche Richtung gedacht und gehandelt wird. Es ist die »Macht der Gefühle«, die unser Leben steuert, und inzwischen haben führende Hirnspezialisten den Beweis dafür vorgelegt, wie Emotionen das gesamte Leben bestimmen. Dabei sei vor allem auf den an der University of Southern California lehrenden Professor für Neurowissenschaften, Antonio Damasio, den in New York lehrenden Joseph LeDoux (einer der wichtigsten Erforscher der Amygdala, also des evolutionsgeschichtlich uralten Hirnteils, der zentralen Einfluss auf das Gefühlsleben des Menschen hat) und einen der führenden deutschen Hirnforscher, Gerhard Roth, hingewiesen.
In Anbetracht dieser für die Pädagogik und Psychologie außergewöhnlich wichtigen Erkenntnisse sind die Ergebnisse der Bindungsforschung eng mit diesen vernetzt und besitzen für Eltern einen besonders hohen Bedeutungswert. Die Bindungsforschung beschäftigt sich mit der emotionalen Entwicklung des Menschen und mit dessen lebensnotwendigen, aus dem Umfeld einwirkenden Erfahren sowie mit den emotionalen Folgen auf Kinder, die sich aus ungenügenden oder entwicklungshinderlich bzw. entwicklungsförderlich gestalteten Bindungserfahrungen ergeben. Vereinfacht ausgedrückt heißt das: Eine liebevolle, vertrauensvolle

und verlässliche Bindung, die Kinder in ihren ersten (und auch weiteren) Lebensjahren mit ihren Eltern sowie anderen Erwachsenen erfahren, ist die Grundlage für die Entstehung der oben genannten »Lebenskunst des Menschen« und gleichzeitig die Basis für ein tiefes Selbstvertrauen, Unabhängigkeit und Selbstständigkeit.
Der Bindungsforscher John Bowlby sagt dazu: »Die Fähigkeit des Menschen, Sprache und andere Symbole zu gebrauchen, sein Vermögen, Pläne und Modelle zu entwickeln, eine lang andauernde Zusammenarbeit und endlose Konflikte mit anderen einzugehen, dies macht den Menschen zu dem, was er ist. All diese Prozesse haben ihren Ursprung in den ersten drei Lebensjahren, und alle sind zudem von den ersten Lebenstagen an Teil der Organisation des Bindungsverhaltens.« (Bowlby 1982, S. 358) Um mit den Worten der renommierten Erziehungsstilforscherin Diana Baumrind zu sprechen: »Kinder brauchen *erst* Wurzeln, *dann* Flügel.«
Nur durch eine tief erlebte Geborgenheit und Annahme sind Kinder in der Lage, ihre »Lebenswurzeln« in Form von Sicherheit und Lebensfreude zu entwickeln. Gleichzeitig sind sie so vor einer Reihe seelischer Irritationen und lebenseinschränkender Ängste geschützt. So vielfältig die Verhaltensirritationen bei Kindern und Jugendlichen ausgeprägt sind – mit Ängsten, gewaltbereitem Handeln, aggressivem Verhalten, Anstrengungsvermeidungsverhalten, oppositionellem Widerstandsverhalten gegenüber Anforderungen oder einer generellen Antriebslosigkeit –, so deutlich haben unterschiedliche Studien unter Beweis gestellt, dass diese und weitere problematische Verhaltensweisen häufig direkt oder indirekt auf fehlende Bindungserfahrungen zurückgeführt werden können. Dabei kommt immer wieder zum Ausdruck, dass eine als *sicher erlebte Bindung* ein *wesentlicher Schutzfaktor gegen seelische Irritationen* ist.

In der Bindungstheorie wird dabei grundsätzlich von drei Bindungsarten gesprochen. In der *»sicheren Bindung«* erleben Kinder und Jugendliche vor allem Verbundenheit, Nähe, Zärtlichkeit, Fürsorge und Schutz. Bei der *»unsicher-ambivalenten (= präokkupierten) Bindung«* verspüren Kinder eine ständige Angst davor, dass sie verlassen werden (könnten). Diese Angst entsteht durch Erfahrungen, indem sich Bezugspersonen häufig ambivalent verhalten: Zum einen zeigen sie von Zeit zu Zeit einfühlende Verhaltensweisen und zum anderen drücken sie auch stark ablehnende körpersprachliche und verbale Abwehr aus. Eine Auswirkung zeigt sich beispielsweise dadurch, dass Kinder unbedingt auf den Arm genommen werden wollen und schon nach kürzester Zeit wieder auf den Boden gesetzt werden möchten. Auch das Klammern lässt sich in der Regel auf eine solche Bindungserfahrung zurückführen. Schließlich gibt es die *»unsicher-vermeidende (= distanzierende) Bindung«*. Dabei verhalten sich die Kinder und Jugendlichen häufig verschlossen, zurückhaltend und abwartend und bringen oftmals ihre Verlassenheitsängste den Erwachsenen gegenüber nicht zum Ausdruck, aus erneuter Angst, ein weiteres Mal ab- oder zurückgewiesen zu werden.
In der Bindungstheorie, die ein sehr umfangreiches Konzept für die Persönlichkeitsentwicklung des Menschen als Folge seiner sozialen Erfahrungen darstellt, gibt es fünf Thesen:

1. Wenn Kinder in ihrem Leben und für ihre gesamte weitere Entwicklung eine seelische Gesundheit auf- und ausbauen sollen, sind sie in einem ganz besonderen Maße auf eine kontinuierliche und gleichzeitig feinfühlige Entwicklungsbegleitung angewiesen.
2. Der Mensch ist biologisch in der Weise ausgestattet, dass eine Bindung aufgebaut und über die ersten Lebensjahre bestehen muss, damit er Sicherheit in seinem Leben und

für seine Entwicklung spürt und dadurch vor Stresssituationen geschützt ist. Stress führt bei kleinen Kindern zu starken seelischen Irritationen und entzieht einer gesunden Entwicklung die notwendige Grundlage, ein eigenes Lebenskonzept zu entwerfen. Dabei kann eine Bindung nur zu einer erwachsenen Person aufgebaut werden, die vom Kind als stärker und weiser empfunden wird, sodass sie jederzeit Schutz, Trost, Nähe und Versorgung gewährleisten kann.

3. Im Unterschied zu anderen Beziehungen unterscheidet sich eine Bindungsbeziehung vor allem durch den Umstand, dass bei Angstgefühlen das sogenannte »Bindungsverhaltenssystem« in Kindern aktiviert wird und das Kind die unmittelbare Nähe seiner Bindungsperson sucht. Dadurch, dass das Kind auf Nähe (und damit eine tief empfundene Sicherheit) angewiesen und ganz auf sich selbst konzentriert ist, kommt es zum Abbruch seines Erkundungsverhaltens. Sobald sich allerdings beim Kind ein Gefühl des Wohlbefindens und der inneren Zufriedenheit einstellt (und erst dann!), löst sich die Bindungssuche wieder auf und sein »Explorationsverhaltenssystem« wird wieder aktiviert.
4. Das Ausmaß (die Tiefe) der empfundenen Sicherheit gibt darüber Aufschluss, wie intensiv die Bindungsqualität vom Kind empfunden wurde. Eine länger andauernde Suche nach Bindungsnähe vonseiten des Kindes muss daher als eine weniger tief erlebte Sicherheit verstanden, eine kürzere Suche kann als eine tiefer empfundene Bindungsnähe aufgefasst werden.
5. Die Bindungstheorie erklärt mithilfe der kognitiven Psychologie, wie früh erlebte Bindungserfahrungen geistig verarbeitet und zu inneren Modellvorstellungen (Arbeitsmodellen) von sich und anderen werden. Damit gibt es eine unmittelbare, direkte Beziehung zwischen den bei-

den Aspekten Bindungsnähe und kognitiver Entwicklung des Menschen. (Vgl. Grossmann/Grossmann 2004)
Für viele Eltern mag das noch einmal ein sehr bedeutsamer Hinweis auf den Vernetzungsaspekt und die gleichzeitige Vernetzungsauswirkung von Bindungsnähe und Intelligenzentwicklung sein.

Bindung kann durchaus mit einem unsichtbaren Band verglichen werden, das zwei Personen in Verbindung hält und das dabei selbst in positiven Gefühlen fest eingesetzt ist – als ein verinnerlichtes Erlebnis über einen längeren Zeitraum hinweg und mit einer lebenslangen Bedeutung. Dieses Band löst sich mit der Zeit immer stärker auf, sodass es schließlich überflüssig wird. Da sich Bindung erst im Laufe des ersten Lebensjahres eines Kindes entwickelt, werden Kinder im Verlaufe ihrer Entwicklung mehrere, teilweise sehr unterschiedliche Bindungspartner suchen. Dabei hat jedes Kind eine eigene, innere Rangfolge bezüglich der subjektiven Bewertung von Bindungspersonen, und je mehr sich ein Kind verlassen oder geängstigt fühlt, desto intensiver sucht es die Nähe seiner bedeutsamsten Bindungsperson.
Kennzeichen einer sicheren Bindung kommen vor allem dadurch zum Ausdruck, dass Kinder

- die Bindungsperson als einen zuverlässigen Stützpunkt, eine Heimat erleben. Bei Verunsicherungen, Ängsten und Verlassenheitsgefühlen suchen sie dann so lange ihre »Bindungsheimat« gerne, freiwillig und selbstmotiviert auf, bis sie in sich selbst eine eigene, tiefe Bindungssicherheit spüren und eine Bindungsnähe zu sich selbst hergestellt haben;
- durch die einfühlsamen und kontinuierlichen Verhaltensweisen der Bindungspersonen Sicherheit und Hilfe erleben dürfen;

- schon sehr früh durch intensive Bindungserfahrungen immer weniger auf Bindungserlebnisse angewiesen sind und sich mit einem Gefühl der inneren Grundsicherheit auf die »Erkundung der großen, weiten Welt« einlassen und mit ihrem anscheinend unstillbaren Forscherdrang auf Erkundungsreise gehen. Dabei scheint kein Gegenstand vor ihnen sicher zu sein und keine Situation zu gefährlich, zumal Kinder ihr Umfeld in folgender Art und Weise deuten: »Alles um mich herum wartet darauf, von mir entdeckt zu werden«;
- selbstmotiviert und freiwillig ihre Gefühle preisgeben und dabei emotionale Belastungen ebenso direkt, frei und »ungebremst« zum Ausdruck bringen wie Augenblicke der Zufriedenheit und des tiefen Glücksempfindens.

**Im Grunde sind es immer die Verbindungen mit Menschen, die dem Leben seinen Wert geben.**
***Wilhelm von Humboldt***

Wenn Bindung bei Kindern (und Jugendlichen) vor allem ein Gefühl der tiefen Geborgenheit auslöst und gleichzeitig eine Schutzfunktion gegen Über- und Unterforderungen, Kränkungen und Hoffnungslosigkeit, Verlassenheitsängsten und Ohnmachtsgefühlen bildet, dann kann auch über die Bedeutung des elterlichen Bindungsverhaltens hinaus die Ausgangsthese des schwedischen Kindergarten- und Schulcurriculums nur mit großer Zustimmung aufgenommen werden: »Bildung geschieht nur durch Bindung.«
Die pädagogische Praxis in Elternhäusern, Kindergärten und Schulen zeigt allerdings immer wieder und leider immer stärker, dass zwar den Ergebnissen der Bindungsforschung eine durchaus theoretische Bedeutung beigemessen

wird, praktische Bindungserfahrungen aber in der beschriebenen Ganzheit und in ihrer Ausprägungstiefe häufig nicht wirklich von Kindern erlebt werden können. So ist es kein Wunder, dass immer mehr Kinder den Verlust ihrer Bindungserfahrungen entweder durch Verhaltensirritationen unterschiedlichster Art zu kompensieren versuchen – beispielsweise durch immer wiederkehrende Versuche, im Mittelpunkt zu stehen – oder ihr Leben lang auf der Suche nach Bindungsbeziehungen sind. Eine solche Bindungssuche bezieht sich dabei nicht nur auf Kontaktwünsche mit Menschen, die ihnen eine nie erlebte »Beziehungsheimat« ersetzen sollen, sondern auch auf Abhängigkeiten von materiellen Dingen oder sogenannten Genussstoffen in ihren unterschiedlichsten Formen. Ebenso ist bekannt, dass viele Ausdrucksformen emotionaler Irritationen und Schmerzen – beispielsweise Angst, Hass oder Wut – und sogar auch spätere Störungen der Persönlichkeit – beispielsweise gefühlsmäßige Entfremdung zu sich selbst oder anderen Menschen bzw. Depressionen – als Folge elterlicher Ablehnung oder Zurückweisung in Gang gesetzt werden können.
Demgegenüber stehen die Begriffe Nähe, Zärtlichkeit, Verbundenheit, Schutz, Trost und Fürsorge stets als Garant für ein emotionales Überleben von Kindern in einer immer unüberschaubareren und materialistisch eingestellten Welt und gleichzeitig für eine reichhaltige häusliche Erlebniswelt, in der Fehlentwicklungen von Kindern kaum eine Chance haben, sich ausbreiten zu können.

**Je länger man lebt, desto deutlicher sieht man, dass die einfachen Dinge die wahrhaft größten sind.**

*Romano Guardini*

## Was Eltern über Entwicklungsschritte wissen sollten

Wer Kinder verändern möchte, muss sich zunächst selbst verändern.
Wer Kindern bei ihrer Entwicklung helfen will, muss zunächst die eigene Entwicklung ins Augenmerk nehmen.
Wer selbstständige, selbstaktive Kinder haben möchte, muss zunächst selbst viel Eigeninitiative an den Tag legen.
Wer Kindern kritisch begegnet, muss zunächst sich selbst kritisch betrachten.
Wer von Kindern ein faires Verhalten erwartet, muss zunächst selbst gerecht mit sich umgehen.
Wer von Kindern ein realistisches Einschätzen von Situationen erwartet, muss zunächst selbst viele Lebenssituationen realistisch betrachten.
Wer Vertrauen von Kindern erfahren möchte, muss zunächst sich selbst Vertrauen schenken.
Wer ein offenes, klares Verhältnis zu Kindern haben möchte, muss zunächst offen und klar mit sich selbst umgehen.
Wer Kinder mit Wahrheiten konfrontiert, muss selbst den Wahrheiten des Lebens ins Angesicht schauen.
*Armin Krenz*

Ohne Frage entsteht das individuelle, spezifische Verhalten eines Menschen aus einer nahezu unüberschaubaren Menge von Einflüssen, denen Kinder und Jugendliche in ihrer gesamten Entwicklungszeit ausgesetzt sind. Aus diesem Grunde kann es auch hier keine monokausalen Erklärungen für einzelne, spezifische entwicklungspsychologische Phänomene geben. Sogenannte lineare »Entwicklungstheorien« oder Erklärungsmuster wie beispielsweise »Ängstliche Erwachsene prägen automatisch immer ängstliche Kinder«,

»Erwachsene, die in der Kindheit misshandelt wurden, werden auch immer eigene oder anvertraute Kinder misshandeln«, »Eine durch Gewalt geprägte Umwelt lässt Kinder automatisch gewalttätig werden«, »Verantwortungsbereite Kinder kommen aus verantwortungsvollen Elternhäusern« oder »Erwachsene, die mit viel Rücksicht ihre Kinder erziehen, werden stets rücksichtsvolle Kinder hervorbringen« haben eine lange Tradition. Sie entstammen vor allem den Konzepten der *Identifikation* (Sigmund Freud). Das heißt, dass Kinder gleiche oder zumindest sehr ähnliche Verhaltensweisen von Erwachsenen übernehmen bzw. im Sinne eines *Wiederholungszwangs* gleiche Ausdrucksformen zeigen müssen. Solche »Alltagstheorien« *können* zwar durchaus zutreffen und sind nicht selten Realität, doch können sie laut wissenschaftlicher Untersuchungen in keinem Fall als automatischer »Regelfall« angenommen werden.

An dieser Stelle soll nun der Versuch gewagt werden, einige grundsätzliche Entwicklungsgesetze auf den Punkt zu bringen. Dabei zielen die nachfolgenden Gesetzmäßigkeiten nicht auf einzelne, spezifische Besonderheiten der Entwicklung von Kindern ab, sondern auf *basale* (= grundlegende) Erkenntnisse, die dazu dienen können, Ansatzpunkte für eigene Erkenntnisse, Rückschlüsse und Konsequenzen für den Umgang mit Kindern zu liefern.

- Jedes Kind entwickelt sich sowohl im Verlauf seiner Gesamtentwicklung wie auch in der Entwicklungsgeschwindigkeit individuell. Eine idealtypische, modellhafte Entwicklung eines »Durchschnittskindes« gibt es nicht. Eine solche Erkenntnis wird Eltern helfen, für zweierlei Dinge sensibel zu sein: Zum einen fällt damit ein ständiger Vergleich der eigenen Kinder mit vorgegebenen »Entwicklungsgittern«, wie sie immer noch von Kinderärzten genutzt werden, weg und bringt Eltern damit aus einem Vergleichsdruck. Zum anderen hängt die Entwicklungsgeschwindigkeit aber auch von den entwicklungsförderlichen Einflüssen und Bedingungen ab, unter denen ein Kind groß wird. Und dieser Aspekt wiederum macht deutlich, welch hohe Verantwortung bei den Eltern liegt, indem sie die individuelle Entwicklung des Kindes im positiven Sinne unterstützen oder im negativen Sinne verzögern oder gar beeinträchtigen können.

- Jedes Entwicklungsmerkmal eines Kindes ist im Vergleich mit einem anderen Kind in gleichem Alter unterschiedlich ausgeprägt. In der Fachsprache wird dies *interindividuelle Variabilität* genannt. (Anmerkung: Diese Erkenntnis hat dazu geführt, dass es keine starren »Entwicklungstabellen« mehr gibt.) Manche Kinder brauchen für bestimmte Entwicklungsschritte, beispielsweise im Bereich der Sprache oder der Motorik, einfach eine längere, manche Kinder eine kürzere Zeit.
- Die Entfaltung der unterschiedlichen Ressourcen, die Kinder zur Verfügung haben, hängt in starkem Maße von den jeweiligen Entwicklungsbedingungen ab, die auf ein Kind einwirken und die sich dabei entwicklungsförderlich oder entwicklungshinderlich auf die Persönlichkeitsentfaltung auswirken können. Dabei sind die Facetten der Entwicklungsbedingungen weniger auf materielle Dinge wie die Menge des Spielzeugs oder die Größe eines Kinderzimmers bezogen, sondern vielmehr auf die Qualität der Kommunikation zwischen Eltern und ihren Kindern.
- Die vielfältigen Fähigkeiten und Fertigkeiten, die ein Kind in seinen unterschiedlichen Entwicklungsbereichen zum Ausdruck bringen kann, können sich unabhängig voneinander in ihrer Ausprägung entwickeln. So können Kinder auf der einen Seite eine außergewöhnlich gute ko-

gnitive Entwicklung nehmen und gleichzeitig auf der anderen Seite im sozial-emotionalen Bereich große Schwierigkeiten aufweisen. Es ist also möglich, dass ein fünfjähriges Kind über 100 Tiere aus der Welt der Dinosaurier – einschließlich ihrer Nahrungsgewohnheiten und körperlichen Besonderheiten – aufzählen und beschreiben kann, gleichzeitig aber nicht in der Lage ist, Freundschaften aufzubauen, bzw. bei Misserfolgen sofort weint.

- Da bestimmte Entwicklungsbereiche miteinander vernetzt sind, zum Beispiel Nutzung von Begabungen und der Ausprägungsgrad der intrinsischen Motivation (= selbst gespürter Impuls) oder Ausbau der Sprachfähigkeit und die Ausprägungsstärke der kognitiven Interessenlagen, dürfen Entwicklungsschritte in unterschiedlichen Entwicklungsbereichen nicht getrennt voneinander betrachtet werden. Das ist aus dem Grunde so bedeutsam, weil damit alle Förderabsichten der Eltern und die vorgenommenen »Förderangebote« immer auf das Zusammenspiel von Entwicklungsanreizen und den Interessenlagen der Kinder angewiesen sind.
- Die Entdeckung und Nutzung der unterschiedlichen Entwicklungspotenziale durch das Kind ist immer von dreierlei Faktoren abhängig: a) der Impulsgebung und Anregung durch beziehungsgeprägte Erwachsene und/oder Gleichaltrige, b) den entwicklungsförderlichen und -unterstützenden (= soziokulturellen) Lebensbedingungen, unter denen ein Kind aufwächst, sowie c) den anstrengungsbereiten Handlungsimpulsen durch das Kind selbst. Damit liegt die »Lernauswirkung« einer Entwicklungsunterstützung stets in den Händen beider (!) Interaktionspartner!
- Die ersten Lebensjahre prägen die Baustruktur der Großhirnrinde – sie entscheidet über die gesamte weitere psychosoziale Entwicklung des Menschen, seine eigene Per-

sönlichkeitsentwicklung, seine Kommunikationsstruktur und seine Interaktionsvielfalt. Wurde noch vor Jahren angenommen, dass kleine Kinder eher »wenig mitbekommen« und die »eigentliche Erziehung« erst etwa mit dem zweiten Lebensjahr »so richtig losgehe«, so haben die vielfältigen Ergebnisse aus dem neurobiologischen Forschungsfeld völlig andere Ergebnisse hervorgebracht. Kinder lernen von Anfang an, und so sind es gerade die ersten vorgeburtlichen und frühen nachgeburtlichen Einflüsse, die eine nachhaltige Auswirkung auf die weitere Entwicklung des Kindes besitzen.

- Kinder müssen während ihrer gesamten Entwicklung unterschiedliche Aufgaben und Herausforderungen meistern, um aus erfolgreich absolvierten Lernprozessen in neue Entwicklungsaufgaben und Entwicklungsschritte gelangen zu können. Das heißt nichts anderes, als dass Erwachsene den Kindern etwas zutrauen sollten, wodurch Kinder stolz auf ihre eigene Leistung sein können und sich durch Erfolgserlebnisse zu neuen Handlungsschritten herausgefordert fühlen. Doch häufig sorgen überbehütende Verhaltensweisen und ängstliche Einstellungen der Erwachsenen dafür, dass Kindern leistbare Aufgaben nicht zugetraut werden oder diese vor möglichen Misserfolgen bewahrt werden sollen. Solche Schutzhaltungen führen bei Kindern schnell zu Versagensängsten und damit zu einer hohen Schwächung des Selbstwertgefühls.
- Wird eine Bindung zu einem Erwachsenen vom Kind als sicher, vertrauensvoll und zuverlässig erlebt, kann diese Tatsache als grundlegend für das Kind und seine Entwicklung eingeschätzt werden. Es wird sich so in die Lage versetzt fühlen, sich und seine Umgebung wahrnehmungsoffen zu betrachten, Wahrnehmungsimpulse aufzunehmen und mit diesen Wahrnehmungsangeboten

etwas zu tun. Eine sichere Bindung ist daher die bedeutsamste Grundlage für das Interesse des Kindes, sich selbst entwickeln zu wollen und das Umfeld als einen großen »Experimentierkasten« zu sehen.

- Eine vom Kind empfundene »innere Sicherheit« ist die Grundlage für alle Entwicklungsvorgänge, die darauf abzielen, selbstaktiv und intrinsisch motiviert neue Handlungsschritte zu unternehmen. Dies wiederum bildet die Grundlage für Selbstständigkeit, Unabhängigkeit und Anstrengungsbereitschaft.
- Beziehungsnöte, Bedrohungsängste, Trennungserlebnisse, Auslieferungserlebnisse und Ohnmachtserfahrungen führen Kinder und Jugendliche – über einen längeren Zeitraum erfahren – in ein Gefühl der »inneren Heimatlosigkeit«. Diese Nöte, Ängste, Erlebnisse und Erfahrungen fördern Gefühle wie Einsamkeit, Schuldgefühle, Wehrlosigkeit und Verlassenheit und tragen dazu bei, dass Identitätsstörungen ebenso die Folge sind wie regressive, aggressive oder gewaltorientierte Abwehrmechanismen. Ein Blick auf die Entwicklung vieler Kinder und Jugendlicher in der heutigen Zeit macht mehr als deutlich, dass solche Erlebnisse, Erfahrungen und Eindrücke immer häufiger zur Alltagswirklichkeit vieler Heranwachsenden gehören.
- Aggressivität, Gewaltbereitschaft, häufig an den Tag gelegte Trauer oder immer wiederkehrende Ängste bei Kindern und Jugendlichen »wachsen sich nicht von alleine aus«. Diese weitverbreitete Ansicht – gerade auch unter Kinderärzten – ist daher nicht nur fachlich falsch, sondern auch entwicklungshinderlich für ein Kind, weil es dadurch sein Verhalten manifestieren wird und wertvolle Zeit verstreicht, die im Sinne einer effizienten Hilfe hätte genutzt werden können oder sogar müssen. So müssen versäumte Entwicklungsschritte stets nachgeholt und

traumatisierte Erlebnisse verarbeitet werden, um durch neue Entwicklungserfahrungen neue Hirnstrukturen entstehen zu lassen!

- Neugierde (»Was gibt es Neues zu entdecken?«), Erkundungsinteresse (»Wozu ist das da, woraus besteht das, wieso sieht das so aus?«) und Lernmotivation (»Was kann ich damit Neues anfangen?«) sind die Grundvoraussetzungen für Lernvorgänge – sie liegen in der Entwicklung der Kinder selbst, sodass es immer wieder darum gehen muss, das ganze Spektrum eines Neugierdeverhaltens von Kindern aktiv zu unterstützen. Dies ist genau das Gegenteil von der früher verbreiteten pädagogischen These, dass es gut sei, Neugierde zum Beispiel durch Antworten von Erwachsenen zu befriedigen. Vielmehr geht es darum, mit Kindern gemeinsam nach Antworten zu suchen, mit ihnen mögliche Lösungswege zu durchdenken und mögliche Handlungsschritte auszuprobieren. In Abwandlung einer pädagogischen Weisheit von Dr. Janusz Korczak könnte es heißen: »Die hohe Kunst der Pädagogik besteht darin, aus jeder mit Kindern gefundenen Antwort sofort eine neue Frage abzuleiten.«
- Kinder sind nur dann in der Lage, nachhaltige Entwicklungsfortschritte zu verinnerlichen, wenn sie die Möglichkeit erhalten, *Handlungen* zu *vollziehen* und diese möglichst häufig zu erleben (= für sich selbst bestätigend erfahren). Kinder »lernen« nicht durch kognitiv formulierte Informationen oder Gespräche. Kinder lernen durch ihr Tätigsein und nicht durch »Belehrungen«. Dabei muss ihnen die Möglichkeit eingeräumt werden, immer wieder zu bestimmten Erfolgserlebnissen zu gelangen, sodass sie ihren Stolz über eigene Leistungen innerlich fest abspeichern können.
- Je höher die intrinsische Motivation des Menschen entwickelt ist, desto größer ist seine Bereitschaft, Ausdauer bei

schwierigen Problemstellungen oder Anforderungen zu zeigen und eine entsprechend hohe Anstrengungsbereitschaft an den Tag zu legen. Dieses zuletzt genannte Verhaltensmerkmal scheint sich in der Entwicklung des Menschen zu einem ganz zentralen Aspekt herauszubilden, um bei Misserfolgen oder Belastungen dennoch handlungsaktiv zu bleiben und nicht »die Flinte ins Korn zu werfen«, wie es leider bei vielen Kindern der Fall ist. So ist das »Wollen« von größter Bedeutung (als ein von innen heraus gespürter Wunsch) und hebt sich vom »Sollen« (einem von außen gesetzten Erwartungsdruck) deutlich ab.

- Kinder, die schon von Geburt an sowohl eine angeborene Ressource zur Bildung von Theorien besitzen als auch hochleistungsfähige Lernmechanismen zur Verfügung haben, begeben sich nur dann in »Lernauseinandersetzungen«, wenn sie den Eindruck gewinnen, die zu vollziehende Handlung besitze für sie in diesem Augenblick einen Wert. Solche »Handlungsbeschäftigungen« besitzen nachweislich einen *nachhaltigen Lerneffekt* im Unterschied zu »Lernangeboten« durch Erwachsene, die glauben oder hoffen, dass ihre »Lernangebote« einen »Lernwert« haben sollten/müssten. Ein Kind will und kann (!) sich nur dann mit sich und einer Aufgabe auseinandersetzen, wenn es sich selbst »dort abgeholt fühlt, wo es zurzeit steht«. Alles andere hat für Kinder keinen Bedeutungswert, auch wenn Erwachsene glauben, ein Kind müsse dieses oder jenes für sein späteres Leben können. Anders ausgedrückt: Kinder fühlen sich sehr häufig nicht dort abgeholt, wo sie stehen, sondern gewinnen eher den Eindruck, in eine bestimmte Richtung gezogen zu werden, wo Erwachsene sie gerne sehen würden.
- Bildung und Lernen als persönlichkeitserweiternde Entwicklungsvorgänge können nur dann wirksam werden,

wenn Kinder mit eigener Initiative und in einer sozial geprägten Interaktion »mit Herz, Hand und Verstand« dabei sind, sich der Spiel-, Sprach-, Handlungs- und Gedankenauseinandersetzung stellen zu wollen. Der entscheidende Aspekt ist dabei der, dass zufriedene und gut angenommene Kinder aus ihrem tiefen Gefühl einer Glückseligkeit heraus sich weiterentwickeln wollen, ohne dass ihnen dies von außen nahegebracht werden muss.

- Je *unterschiedlicher* und *vielfältiger* die Wahrnehmungsreize in einer Handlungstätigkeit von Kindern sind, desto höher ist die Chance, dass bestimmte Informationsaspekte im Gehirn auf einen schon abgespeicherten Sachverhalt treffen und nun neue Sinnverbindungen hergestellt werden können. Insofern sind Kinder auf immer neue Wahrnehmungsimpulse angewiesen, um sich der ganzen Vielfalt an Herausforderungen stellen zu können. Dabei darf dieser Aspekt allerdings nicht mit einer Reizüberflutung verwechselt werden! Vielmehr geht es hierbei um Wahrnehmungseindrücke, die gleichzeitig mit Zeit und Ruhe verbunden sein müssen.
- Die unterschiedlichen Lernstrategien und Lernauseinandersetzungen der Kinder zeigen vor allem dann einen hohen Lernwert, wenn sich die *vorherrschende Atmosphäre* zum Zeitpunkt der Handlungserlebnisse für das Kind weitestgehend angstfrei und »locker« darstellt. Aus diesem Grunde ist ein »Lernen unter Druck« auch nie von Erfolg gekrönt. Angst blockiert Lernprozesse im Sinne einer nachhaltigen Persönlichkeitsbildung – diese Tatsache wurde vielfach durch entsprechende Untersuchungen aus der Verhaltenspsychologie und Neurobiologie belegt.
- Leistungsmotivation und Anstrengungsbereitschaft, zwei grundlegende Merkmale einer lebenskompetenten Persönlichkeit, entwickeln sich bei Kindern vor allem durch

Lebensfreude und eine tiefe seelische Zufriedenheit. Eltern können aus diesem Entwicklungsgesetz immer wieder die Frage ableiten, was sie durch ihr Verhalten dazu beitragen, dass eben diese Empfindungen in Kindern entstehen (können). Leistungsmotivation und Anstrengungsbereitschaft ergeben sich als unmittelbare Folgen dieses Lebensgefühls und können weder durch Trainingsmethoden noch Übungsprogramme aufgebaut werden.

- In dem Maße, in dem jeweils eines der vier Grundgefühle des Menschen – Freude, Angst, Trauer, Wut – besonders stark ausgeprägt ist, in dem Maße bildet dieses ausgeprägte Grundgefühl die Basis für das Selbstkonzept – die Vorstellung von sich selbst. Und zwar verbunden mit einem Gefühl der Kraft oder Kraftlosigkeit, der Stärke oder Schwäche, einem Zutrauen oder Misstrauen sich selbst und anderen gegenüber und der Vorstellung, stets etwas leisten zu können oder in vielen Situationen sicherlich zu versagen. Wenn Menschen das Grundgefühl der Freude – stark ausgeprägt – in sich tragen, dann ist beispielsweise ein positives Denken (und eine damit verbundene Selbstmotivation) weitaus stärker ausgeprägt, als es bei einem stark ausgeprägten Grundgefühl Trauer der Fall ist.
- Gewinnt das Grundgefühl Angst die Oberhand über eine Person, so ist diese entweder darauf ausgerichtet, aktuelle Verhaltensweisen zu sichern und neue Handlungsschritte, die eine persönliche Entwicklung mit sich bringen könnten, abzuwehren, oder auf alle neuen Herausforderungen vorschnell zu reagieren, in der Hoffnung, dadurch der »aktuellen Angst« entfliehen und möglichen Schwierigkeiten aus dem Weg gehen zu können. Ängstliche Kinder zeigen daher immer wieder gleiche oder ähnlich wirkende Verhaltensweisen, halten an bestimmten Spielaktivitäten fest, lassen neue, unbekann-

te Erfahrungsmöglichkeiten weitestgehend außer Acht oder kommen Erwartungsansprüchen außergewöhnlich schnell nach, um andernfalls mögliche Diskussionen oder Streitsituationen zu vermeiden.

- Das Selbstkonzept, das der Mensch im Laufe seiner Entwicklung aufbaut und als »Bild von sich selbst« besitzt, ist vor allem abhängig vom Ausprägungsgrad seines allgemeinen Selbstwertgefühls. Je höher also das allgemeine Selbstwertgefühl des Kindes ist, desto positiver ist sein Selbstkonzept. (»Ich bin wer, ich kann was, ich traue mir viele unterschiedliche Aufgaben zu.«)
- Selbstwert besitzende Kinder haben die ausgeprägte Tendenz, Aufgabenstellungen selbst schaffen zu wollen – um der Aufgabe willen und um sich selbst den Beweis zu liefern, schwierige Herausforderungen meistern zu können. Dabei geht es ihnen *nicht* darum, Anerkennung durch andere Personen zu bekommen. Kinder ohne ein solches Selbstwertgefühl legen beispielsweise ihre Arbeitsergebnisse den Erwachsenen vor und fragen immer wieder nach, ob »das schön geworden ist«, wie sie das fänden oder ob ihnen das auch so gut gefalle wie ihnen selbst. Bestätigung durch Rückmeldung, Lob für Leistung und die Suche nach Beachtung sind immer wieder Anzeichen für ein fehlendes oder stark eingeschränktes Selbstwertgefühl.
- Ein Selbstwertgefühl entsteht vor allem durch die Selbstanerkennung der eigenen Leistung und der Selbstwertschätzung der eigenen Person. Damit ist gemeint, dass Kinder sich selbst über ihre Arbeitsergebnisse freuen und sich »selbst auf die Schulter klopfen«, sich selbst bestärken und unabhängig von der Meinung anderer voller Stolz auf ihre Anstrengung zurückschauen, entsprechend der Selbstverstärkung: »Das hat sich gelohnt, auch wenn es schwer war.« Oder: »Der Einsatz brachte genau das Ergebnis zutage, wofür ich so hart gearbeitet habe.«

- Selbstwert besitzende Kinder, Jugendliche und Erwachsene haben in den meisten Fällen ein ausgeprägtes Sozialverhalten, eine hohe Wahrnehmungsoffenheit für neue Situationen und eine sehr geringe Vorurteilsbereitschaft. (Hier trifft das Motto zu: »Nur wer mit sich selbst wirklich glücklich ist, kann glücklich und zufrieden mit anderen Menschen umgehen.«)
- Selbstwert besitzende Kinder, Jugendliche und Erwachsene besitzen vor allem die kognitive Kompetenz, bei aktuellen Aufgabenstellungen und Lebensherausforderungen Wesentliches von Unwesentlichem, Wichtiges von Unwichtigem und Bedeutsames von Unbedeutsamem zu unterscheiden. Im Bereich der emotionalen Kompetenz ist es die Ruhe und Belastbarkeit, die es ihnen möglich macht, Wahrnehmungsoffenheit auch in »brenzligen Situationen« aufzubringen, und im sozialen Bereich zeichnen sie sich vor allem durch Hilfsbereitschaft, Zivilcourage und Zuverlässigkeit aus.
- Das Spiel ist der »Beruf des Kinds«. Es ist keineswegs »nur« eine »Spielerei«. Durch die Vielfalt der unterschiedlichen Spielformen und die außergewöhnlich vielen Lernmöglichkeiten, die die vielfältigen Spielformen in sich tragen, erwirbt das Kind lebensbedeutsame Kompetenzen. Auf der einen Seite ist bekannt, dass beispielsweise Kinder mit einer ausgeprägten Spielfähigkeit auch stets eine hohe Schulbereitschaft zeigen, auf der anderen Seite zeigen vielfältigste Untersuchungsergebnisse, dass gerade auch bestimmte Spielformen (wie das Bau- und Konstruktionsspiel, das Märchen- und Theaterspiel, das Interaktions- und Rollenspiel) vor allem die kognitiven und sprachlichen Entwicklungsressourcen der Kinder besonders stark aktivieren. Wer als Erwachsener das Spiel der Kinder begrenzen oder gar auflösen will, trägt zu einem hohen Erfahrungsverlust der Kinder bei.

Dr. Janusz Korczak, der große polnische Arztpädagoge, hat es einmal schon vor fast 90 Jahren so formuliert: »Wir belasten Kinder mit neuen Pflichten des Menschen von morgen, ohne ihnen die Rechte des Menschen von heute zuzugestehen (...) Um der Zukunft willen wird gering geachtet, was es heute freut, traurig macht, in Erstaunen versetzt, ärgert und interessiert. Für dieses Morgen, das es weder versteht noch zu verstehen braucht, betrügt man es um viele Lebensjahre.« (Korczak 1987, S. 73/44)

**Wenn es nur eine einzige Wahrheit gäbe, könnte man nicht hundert Bilder über dasselbe Thema malen.**
*Pablo Picasso*

Die eindeutige Aufgabenstellung in der elterlichen Pädagogik besteht darin, durch eine entwicklungsförderliche Einflussnahme die Persönlichkeit der Kinder zu stärken. Und hier stellt sich sogleich die Frage: Was ist eine »Persönlichkeit«? Schon in ihren Anfängen setzte sich die wissenschaftliche Psychologie mit der Persönlichkeit und ihrer Erforschung auseinander. Dabei wurde zunächst der Begriff »Charakter« verwendet. Darunter fasste man »ganz typische Eigenschaftsmerkmale« eines Menschen zusammen und zog entsprechende Rückschlüsse auf ein »Gesamtbild des Individuums«. Allerdings wurde im Laufe der Jahrzehnte der Charakterbegriff immer stärker vernachlässigt, weil man davon ausging, dass damit einerseits etwas Unveränderliches, Starres, Anhaltendes ausgedrückt wurde und andererseits der Annahme einer genetischen Programmierung zu große Bedeutung zugesprochen wurde. Damit wäre zugleich der Einfluss von »Erziehung« minimal und es könnte sich allzu schnell ein sogenannter »pädagogischer Pessimismus« herausbilden.

Aus diesem Grunde wurde immer stärker der Begriff »Persönlichkeit« genutzt. Er umfasst auf der einen Seite etwas Stabiles (aber nicht Starres) in der Fülle der Verhaltensmerkmale eines Menschen, auf der anderen Seite lässt er aber auch entwicklungsbedingte Veränderungen zu, die sowohl durch bestimmte intrapersonale Prozesse (in der Person selbst liegende Gründe) als auch durch extrapersonale Entwicklungsimpulse (von außen hereingebracht) möglich sind.

Wer nun vielleicht darauf hofft, eine fassbare Erklärung oder gar eine klare, allumfassende Definition des Begriffes »Persönlichkeit« zu erhalten, wird enttäuscht werden müssen. So gibt es bis heute keine verbindliche bzw. einheitlich akzeptierte begriffliche Beschreibung. Jeder Wissenschaftler hat (s)ein eigenes Menschenbild als Ausgangspunkt für seinen theoretischen Forschungsansatz, das wiederum seiner wissenschaftlichen Arbeit zugrunde liegt. Damit ist jede Persönlichkeitstheorie, die in der Vergangenheit entwickelt wurde, auch stets person- und richtungsabhängig.

Die Gesamtmenge aller veröffentlichten wissenschaftlichen Definitionsversuche ist unüberschaubar. Es muss inzwischen von einer Anzahl von ca. 150 ausgegangen werden. In all diesen Definitions- und Beschreibungsversuchen drücken sich die besonderen, eigenen Weltanschauungen, Überzeugungen, Einschätzungen und Haltungsaspekte der Wissenschaftler aus. So unbefriedigend diese Ausgangsdaten für einzelne Eltern vielleicht sind, so hoffnungsvoll kann aber wiederum der Versuch angesehen werden, bestimmte Begriffsmerkmale mit dem Wort »Persönlichkeit« in Verbindung zu bringen.

Die Persönlichkeitsstruktur ergibt sich aus dem Zusammenspiel der vielfältigen Persönlichkeitsmerkmale des Menschen und führt dazu, dass er in seinen unterschiedlichen Lebenssituationen entsprechende Eindruckswerte in einer überwiegend gleichbleibenden Art und Weise aufnimmt und anschließend in immer wiederkehrenden Verhaltensweisen ausdrückt. Dabei ergibt sich die Persönlichkeit eines Menschen aus einer Summe unterschiedlicher Merkmale, die zwar einerseits eine relative Konstanz (= gleichbleibende Ausprägung) in sich tragen, andererseits aber nicht genetisch starr programmiert und damit unveränderbar sind. Damit sind beispielsweise bestimmte Interessen, Einstellungen, Sichtweisen, Grundstimmungen, Begabungen und Lebensorientierungen gemeint.

Persönlichkeitsmerkmale können auch als »Wesenszüge« des Menschen bezeichnet werden. Die einzelnen Persönlichkeitsmerkmale eines Menschen weisen eine relative Stabilität im Ausprägungsgrad und eine bestehende Zeitdauer auf. Sie verändern sich nicht grundsätzlich in unterschiedlichen zeitnahen Situationen. Gleichzeitig sind Persönlichkeitsmerkmale relativ situationsübergreifend. Das heißt, dass sie in unterschiedlichen Erlebniszusammenhängen zumindest annähernd ähnlich in ihrem Ausdrucksverhalten sind. Die vielfältigen Persönlichkeitsmerkmale eines Menschen sind dabei stets miteinander vernetzt. Diese Vernetzung führt zu einer *Struktur der Persönlichkeit.* Die vielfältigen Persönlichkeitsmerkmale selbst, das Maß ihrer Ausprägung und ihre Verbundenheit führen stets zur Einzigartigkeit und Unverwechselbarkeit des Menschen. Sie prägen letztlich die persönliche Identität des Einzelnen.

Und schließlich muss deutlich darauf hingewiesen werden, dass die dem Menschen innewohnende Persönlichkeitsstruktur nicht wirklich direkt beobachtet werden kann. Vielmehr ergibt sich aus vielfältigen Beobachtungen im Sinne eines Rückschlusses ein Bild für den Betrachter, das dann als »Persönlichkeitsstruktur« angenommen wird. Sie ist damit auch immer ein indirektes Ergebnis aus entschlüsselten Deutungen und Interpretationen.

## Die Entwicklung bestimmende Bedeutung der Gefühle

**Ich glaube daran, dass das größte Geschenk, das ich von jemandem empfangen kann, ist, gesehen, gehört, verstanden und berührt zu werden.
Das größte Geschenk, das ich geben kann, ist, den anderen zu sehen, zu hören, zu verstehen und zu berühren.
Wenn dies geschieht, entsteht Kontakt.**
*Virginia Satir*

Gefühle sind ein lebensnotwendiger Teil unseres Daseins! Sie zeigen anderen Menschen, wer und wie wir sind, was wir von ihnen halten und wie wir zu ihnen stehen. Und weil Gefühle uns »verraten«, uns als Person anderen transparent machen und uns aber auch dazu zwingen, dass wir uns mit eigenen Gefühlen selber auseinandersetzen müssen, verbergen wir sie häufig, um uns selbst vor Auseinandersetzungen, Angriffen oder (vermuteten) Verletzungen zu schützen. Gleichzeitig erwarten wir aber, dass unsere Mitmenschen die in uns vorhandenen (aber verdeckten) Gefühle spüren, entschlüsseln und angemessen darauf reagieren.

### Gefühle als fester Bestandteil unserer alltäglichen Kommunikation

Eine Kommunikation im Sinne eines Informationsaustausches mit Kindern geschieht ständig und *gleichzeitig* auf drei Ebenen:

1. *Nonverbale Kommunikation.* Zum Beispiel drücken wir durch die räumliche Nähe/Distanz unsere Beziehung zum Kind aus: Unsere *Körperhaltung* spiegelt unter anderem unseren Gefühlszustand wider. Unsere *Mimik* und *Gestik* zeigt unsere innerlich vorherrschenden Gefühle, stellt eine Rückkopplung zum anderen dar und legt unsere Einstellung zu ihm offen. Und unsere *Handbewegungen* zeigen ebenso wie unsere *Blickrichtung* unsere Gefühlszustände an.
2. *Sprachliche Kommunikation.* Sie dient der Informationsvermittlung. Durch sie äußern wir unsere Meinungen, lösen oder verstärken bestehende Probleme, beeinflussen das Verhalten anderer (zum Beispiel durch Bitten oder Anweisungen), bringen Emotionen zum Ausdruck oder bauen Beziehungen zu Kindern auf bzw. brechen sie ab.
3. *Nonverbale Aspekte des Sprechens.* Sie kommen durch das »Wie-etwas-gesagt-wird« zum Tragen: So gibt der emotionale Tonfall von Äußerungen ebenso unseren Gefühlszustand wieder (zum Beispiel hohe, laute Stimme = Wut) wie die Dauer von Äußerungen (zum Beispiel Länge, Häufigkeit, Gesamtzahl).

Schon dieser kleine Ausschnitt aus dem Bereich der Sozialpsychologie mag genügen, um deutlich zu machen, dass Gefühle ständig zum Ausdruck kommen und auf andere ihren Einfluss auf die Beziehungen zu Kindern haben. Eine Tatsache, die auch in der Alltagspädagogik besondere Bedeutung hat und daher auch besonderer Berücksichtigung bedarf!
Kinder lernen vor allem durch »Modellimitation«. Dabei sind es nicht zuletzt die Eltern, die aufgrund ihrer langen Beziehung zum Kind einen erheblichen Einfluss auf sie haben. So sind es auch *Einstellungen* der Eltern, die ihre Wirkung auf Kinder ausüben. Der englische Sozialpsychologe Michael Argyle hat einmal über längere Zeit untersucht, wie Einstellungen wahrgenommen werden, und kam zu einem

wichtigen Ergebnis: Wahrgenommene Einstellungen zu sich selbst, zu anderen Personen, Situationen oder Handlungen werden zu 7 % durch verbale Äußerungen, zu 38 % durch den Tonfall und zu 55 % durch das Gesicht (mimischer Ausdruck) vermittelt! Das bedeutet, dass nonverbale Kommunikation und nonverbale Aspekte des Sprechens (also vor allem Verhaltensweisen, die durch Gefühle bestimmt werden) *ausschlaggebend* für wahrgenommene Einstellungen sind!

### Kommunikationsketten zwischen Eltern und Kindern

Wenn Eltern(teile) und ein Kind miteinander spielen, sprechen oder sich »nur« anschauen, dann nimmt zunächst der eine etwas wahr, vermutet etwas, es entsteht ein Gefühl und er reagiert zum Beispiel durch Sprache und Handlung.
Neugeborene Kinder können vor allem Gefühle wie Wohlbehagen, Neugierde und Zorn erleben und schon nach ca.

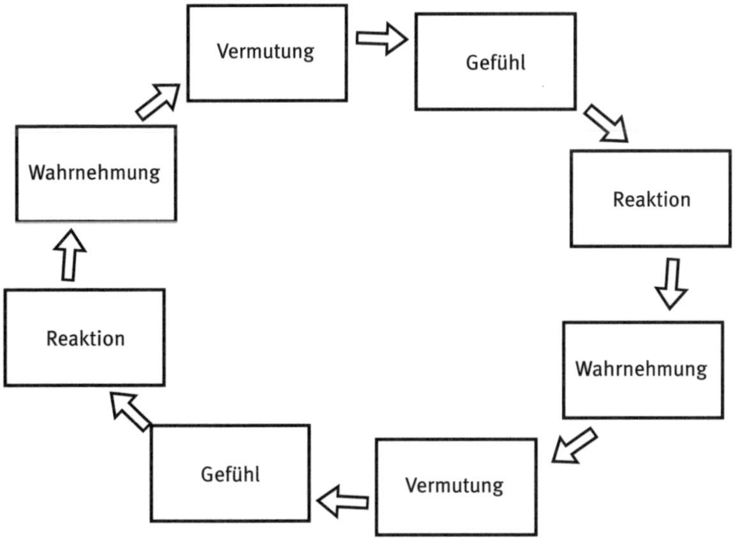

eineinhalb Monaten kommt die Freude dazu. Weitere vier bis sechs Monate später sind dann schon Traurigkeit, Aufregung, Ekel, Furcht oder Ärger beobachtbar. Nach und nach werden Gefühlserlebnisse immer differenzierter.
Ein Beispiel: Die Eltern sitzen mit ihrer Tochter Marie-Luise am Mittagstisch und der Vater sagt zur Mutter: »Nun bin ich gespannt, wer das Geschirr abräumt.« Marie-Luise schaut missmutig auf ihren Teller und die Eltern blicken beide zu ihrer Tochter. Schließlich steht sie auf und geht, ohne ein Wort zu sagen, in ihr Zimmer.
1. Marie-Luise hört, was der Vater gesagt hat. 2. Sie vermutet darin eine Aufforderung, aufzustehen und die benutzten Teller, die Schüsseln, das Geschirr – und vielleicht sogar die Kochtöpfe – in die Spülmaschine zu stellen. 3. Sie ist über die offensichtliche Erwartung verärgert, weil sie nicht einsieht, dass sie die ganze Arbeit übernehmen soll, sodass sie sich (4.) umdreht, aufsteht und aus dem Blickfeld der Eltern geht.
Nun läuft bei den Eltern das gleiche Schema von Wahrnehmung, Vermutung, Gefühl und Reaktion ab.
1. Die Eltern sehen, dass Marie-Luise aufsteht und geht. 2. Sie vermuten, dass sie sich mal wieder vor der Aufgabe drücken möchte. Das ärgert beide Eltern (3.), weil es für ihre Tochter »eine typische Reaktion« ist. 4. Die Eltern rufen ihrer Tochter hinterher, sie möge bitte wieder an den Tisch zurückkommen und beim Abdecken des Tisches helfen.

### *1. Kettenglied der Kommunikation: Wahrnehmung einer Situation, eines Ereignisses*

Augen, Ohren oder Geruchs- und Tastsinn nehmen Reize wahr und fassen sie als Informationen auf, die von Bedeutung sind. Diese Wahrnehmung löst Gedanken aus, die mit vergangenen Situationen in Verbindung gebracht werden und blitzschnell eine Vermutung in Gang setzen.

*2. Kettenglied der Kommunikation: Vermutung zur Deutung der Situation oder des Ereignisses*

Vermutungen entstehen hauptsächlich dadurch, dass sich Menschen ein Bild von dem machen wollen, was Einfluss auf sie haben könnte. Damit geben Vermutungen wahrgenommenen Reizen einen Sinn – sie werden Denkrastern zugeordnet und bewertet. (Beispiel: Ein Kind steht mit gesenktem Kopf allein in einer Ecke; ich vermute, dass es traurig ist.)

*3. Kettenglied der Kommunikation: Das durch eine Vermutung ausgelöste Gefühl*

Wenn – wie oben erwähnt – Wahrnehmungen gedeutet werden und Vermutungen entstehen, dann werden in unserem Körper (Gehirn) Gefühlsprozesse ausgelöst, die zwar unser Verhalten entscheidend beeinflussen, dem Menschen aber oftmals gar nicht (mehr) bewusst sind/werden. Viele Menschen haben – nicht zuletzt durch ihre Lebenserfahrung – den Umgang mit eigenen und fremden Gefühlen verlernt und verdrängt. So sind es häufig dann nur noch indirekte Gefühlsäußerungen, die zum Ausdruck gebracht werden: Marie-Luise steht im Beispiel oben auf und merkt gar nicht, dass sie sich den Haushaltsverpflichtungen entzieht. Würde sie mithelfen, könnte sie die Familie in diesem Augenblick glücklicher machen. Direkte Gefühlsäußerungen wären zum Beispiel: »Ich bin traurig über die Situation, dass unsere Tochter von sich aus keine Anstrengungsbereitschaft zeigt.«

Zwei Anmerkungen hierzu: 1. Indirekte Gefühlsäußerungen sind für andere wenig deutlich: Sie führen häufig zu Missverständnissen und kaschieren eigene Gefühle. 2. Direkte Gefühlsäußerungen sind (leider) nicht zuletzt deswegen weniger anzutreffen, weil der Sprecher *glaubt*, er könne den anderen verletzen oder die Äußerung lasse die Situation eskalieren; der andere könne nicht mit der Offenheit umgehen und man selbst gehe damit auch für sich ein zu großes Risiko ein. Das Nichtäußern direkter Gefühle wird damit vermieden (Vermeidungsverhalten), weil angenommen wird, diese träfen zu sehr ins Schwarze und würden damit auch für den »Sender« unangenehme Konsequenzen nach sich ziehen.

#### *4. Kettenglied der Kommunikation: Die Reaktion als Ergebnis von Vermutung und Gefühl*

Die Kettenglieder »Wahrnehmung«, »Vermutung« und »Gefühl« laufen im Menschen – und damit für andere unbemerkbar – ab. Erst die nun folgende Konsequenz »Reaktion« vollzieht sich offen und damit für Kommunikationspartner erfahrbar. Die Reaktion wird damit zur offenen Informationsvermittlung an den anderen; er nimmt sie wiederum wahr, nimmt anhand entstandener Bilder eine erneute Vermutung an, ein neues Gefühl entsteht und lässt eine weitere Reaktion folgen. Eine solche Kommunikationskette könnte endlos fortgesetzt werden.

### Gefühle – das wesentliche Element der zwischenmenschlichen Kommunikation

Gefühle sind ständig in uns und wirken auf unsere Verhaltensweisen, unsere Erlebnisinhalte und unsere Sichtweisen. Wir schaffen es nicht, Gefühle zu leugnen oder zu ignorieren – es sei denn, wir glauben, dass es möglich ist. Dennoch holen uns unsere Gefühle ständig und immer wieder ein, sie »kommen plötzlich in uns hoch« oder »machen uns fertig«. Wie ist es aber nun möglich, dass wir immer mehr beobachten können, dass Gefühle – gerade auch in der Kommunikation zwischen Eltern und Kindern – nicht den Raum ausfüllen, der ihnen zustehen sollte? Vielleicht liegt das daran,

dass Erwachsene in ihrer eigenen Sozialisationsgeschichte im Elternhaus als auch in der Schule und an ihrer Arbeitsstelle Gefühlsäußerungen verlernt haben oder verlernen mussten. Vernunft ist das, was zählt(e), Gefühle erschienen überflüssig oder gar unangebracht. Vielleicht haben wir sogar gelernt, zwischen »positiven« (Freude) und »negativen« Gefühlen (Angst, Ärger, Trauer, Wut) zu unterscheiden. Damit wären »ungute« Gefühle bewertet, die es zu vermeiden gelte. – Welch tragischer Trugschluss!
Grundsätzlich kann davon ausgegangen werden, dass es vier Grundgefühle im Leben der Menschen gibt, die eine handlungsleitende Wirkung auf das Verhalten ausüben:

Diese vier Grundgefühle bestimmen stets das menschliche Verhalten. Sie entstehen durch affektive (emotional belegte) Besetzung der Wahrnehmungsimpulse, die durch die Sinneskanäle aufgenommen werden.
*Wichtig:* Alle vier Grundgefühle sind miteinander vernetzt und dennoch autark. Ist ein Grundgefühl besonders stark aktiviert, sind die anderen Emotionsfelder zum gleichen Zeitpunkt kaum bzw. gar nicht am Wahrnehmungsprozess beteiligt. So steht allein das provozierte Primärgefühl im Mittelpunkt des Erlebens und Bewertens!

Bei jeder Sinnesaufnahme von Umweltreizen konstruieren Menschen eine Situation und mit der aktuellen Wahrnehmung kommen zeitgleich unterschiedliche Faktoren mit ins Spiel: das Gedächtnis mit den bisher abgespeicherten Informationen über gleiche oder ähnliche Erfahrungen und Zuordnungen, übliche Gedankenentwürfe, bestimmte Ausrichtungen des Denkens, durch die Wahrnehmung ausgelöste Gefühle, aktuelle Bedürfnisse, momentane Gefühlslagen und besondere Interessenausrichtungen. »Die Wahrnehmung ermöglicht uns die Orientierung, das Denken hilft uns bei der Handlungsplanung, das Lernen ermöglicht den Erwerb notwendiger Fertigkeiten, die Gefühle erlauben uns eine Bewertung, die Motivation steuert unsere Handlungen, mithilfe der Handlungen selbst können wir unsere Bedürfnisse befriedigen und die uns angemessene Umwelt schaffen, und die Sprache brauchen wir, um uns mithilfe von Symbolen zu verständigen.« (Ulich 2000, S. 163)
Damit der Mensch nun tagtäglich den vielfältigen und unterschiedlichen Herausforderungen begegnen kann und in der Lage ist, die wahrgenommenen Reize zu einer *begreifbaren Wirklichkeit* zu machen, die er erfassen und verstehen kann, ist er gezwungen, seine Wahrnehmungen auszuwerten, um aus den gewonnenen Resultaten entsprechende Reaktionen abzuleiten.
Wie eben erläutert, spielen bei jeder Wahrnehmung – also der Aufnahme von Informationen über die unterschiedlichen Sinnesorgane – zwei Einflussgrößen eine Rolle. Zum einen sind es Informationen, die aus dem (un)mittelbaren Umfeld auf den Menschen einströmen, zum anderen sind es aktualisierte Wahrnehmungen, die im eigenen Körper zugeordnet werden können (zum Beispiel Angstschweiß, Herzklopfen, Atemnot, Herzrasen, Entspannung oder Anspannung der Muskeln ...). In der Wahrnehmungspsychologie

spricht man im ersten Fall von *Umweltreizen*, in zweiter Angelegenheit von *Körperreizen*.
Alle wahrgenommenen und zugelassenen Reize treffen nun auf die rund hundert Milliarden Nervenzellen, die wiederum das Nervensystem bilden. Da unsere Sinnesorgane nur in einem begrenzten Maße aufnahme- und damit leistungsfähig sind, können sie auch nur einen Teil der angebotenen Reize aus dem Umfeld berücksichtigen. Dieses lässt die Aufnahme bestimmter Reize zu, die für den Menschen in seiner aktuellen Lebenslage persönlich interessant, bedeutsam, auffällig und hervorstechend sind. Zusätzliche, andere Reize fallen dagegen »unter den Tisch«, sei es, dass unser Nervensystem diese beispielsweise als »unwesentlich, unwichtig, überflüssig für eine weitere Beachtung« einstuft oder als »gefährlich« klassifiziert und in diesem Fall sofort für entsprechende Wahrnehmungsvermeidungsstrategien sorgt.
Die Tatsache, dass unsere Sinnesorgane nur eine beschränkte Aufnahmekapazität besitzen, ist sicherlich sinnvoll. Würden hingegen alle wahrnehmbaren Reize aufgenommen und verarbeitet werden, käme es unentwegt zu einer permanenten Reizüberflutung, weil die Menge der Informationen eine nicht mehr erfassbare Größe überschreiten würde, sodass der Mensch weder zu einer Konzentration noch zu einer Wahrnehmungsausrichtung fähig wäre. Insofern wird auch an dieser Stelle schon deutlich, dass der Mensch immer nur einen Bruchteil dessen wahrnimmt, was objektiv betrachtet an Reizwahrnehmung möglich ist.
Wahrgenommene Reize provozieren im Menschen bestimmte Empfindungen, wobei sowohl die Qualität der Reize (= Reizstärke, Reizintensität) die Art der Empfindungen bestimmt als auch der Erfahrungshintergrund, den eine Person ständig mit sich herumträgt. Beide Einflussgrößen – Empfindungen und Erfahrungen – sind miteinander

vernetzt und können nicht voneinander losgelöst wahrgenommen werden.
Stellen Sie sich dazu folgende Situation vor: Es ist Sommer und die Außentemperatur beträgt 39° Celsius im Schatten. Nun betreten Sie einen klimatisierten Raum, der 18° Celsius hat. Mit Sicherheit werden Sie diese Zimmertemperatur als angenehm erfrischend empfinden. Szenenwechsel: Stellen Sie sich vor, es ist Winter und draußen herrscht eine Temperatur von minus 15° Celsius. Sie waren draußen und betreten nun dasselbe Zimmer mit plus 18° Celsius. Es wird ihnen vorkommen wie ein »himmlisch« warmer Raum.
Wenn man beide Aspekte – Empfindungen und Erfahrungen – voneinander trennen wollte, hieße das, gespeicherte Informationen aus der Vergangenheit aus seinem Hirn bannen zu wollen, doch dazu ist kein Mensch in der Lage. Vielleicht kennen Sie selbst solche Phänomene, wenn man der Meinung ist, eine bestimmte Situation schon zu kennen oder den Verlauf eines bestimmten Ereignisses schon vorhersagen zu können: Immer sind es Erfahrungswerte, die den Menschen dazu führen, in eine solche Gedankenstruktur »zurückzufallen« und in der Gegenwart selbst zu einer »Prognose« zu kommen. Nicht immer laufen solche Phänomene bewusst ab. Vielmehr sind es Empfindungsreize, die sich überwiegend unbewusst abspielen, die wir selbst nicht bemerken und die dennoch ihre besondere Wirkung auf und Bedeutung für den weiteren Wahrnehmungs-, Kommunikations- und Interaktionsprozess haben.

## Gefühle als ausschlaggebender Faktor eigener Kompetenz

Wenn es in der Pädagogik immer wieder heißt, dass es die Selbst-, Sach- und Sozialkompetenz der Kinder zu fördern gilt, dann fällt zunächst eines deutlich ins Auge: Die Selbstkompetenz wird stets an erster Stelle genannt.

*Selbstkompetenz* bezeichnet die Fähigkeit, für sich selbstverantwortlich handeln zu können, sein Leben selbstaktiv zu gestalten und Verantwortung für seine eigene Entwicklung zu übernehmen. *Sozialkompetenz* umfasst die Fähigkeit, soziale Beziehungen auf- und ausbauen zu können, Konfliktfähigkeit zu besitzen und sozial förderliche Impulse in einem Gemeinschaftserleben zu setzen. *Sachkompetenz* beschreibt schließlich die Fähigkeit, für Sachbereiche im Alltag urteils- und handlungsfähig zu sein – Zusammenhänge zwischen Ursachen und Folgen zu erkennen, mit einem fundierten Wissen an Aufgabenstellungen heranzugehen oder die Geschehnisse um sich herum mit »Sinn und Verstand« zu betrachten und verantwortungsvoll mitzugestalten.

Sozial- und Sachkompetenz sind dabei immer abhängig von der Selbstkompetenz – also wie Menschen ihre eigenen Gefühle erkennen und erleben, mit Enttäuschungen umgehen und diese verarbeiten, Manipulationsversuche durchschauen und sich dagegen wehren können, mit Versagungen umgehen, uneindeutige Situationen ertragen und aktiv verändern können, mit eigenen und fremden Aggressionen umgehen, Mut und Risikofähigkeit zum Ausdruck bringen, einen tiefen Optimismus in sich tragen. Alle diese lebensbedeutsamen Ausdrucksformen sind vor allem dann eine Verhaltensrealität, wenn Menschen weitestgehend *angstfrei* sind!

Alle drei Bereiche lassen Kinder und Erwachsene zu selbstständigen, selbst bestimmenden Personen werden, die ihr

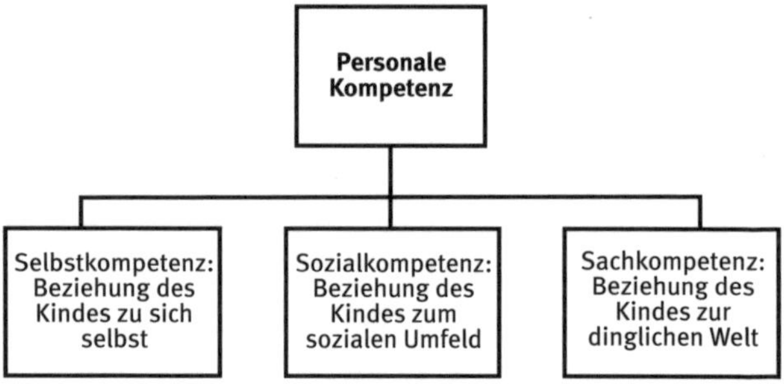


Leben selbstverantwortlich innerhalb einer Gemeinschaft gestalten. Angst und Aggressivität stehen dabei in einer außergewöhnlich engen Beziehung.

Dazu zunächst ein Beispiel: Philipp ist fünf Jahre alt und fällt in seiner Kindergartengruppe sowie in der häuslichen Umgebung dadurch auf, besonders schnell »auszurasten« und aggressiv zu reagieren, wenn andere Kinder nicht »nach seiner Pfeife tanzen«. Außerdem zeigt er sich von den Skinheads besonders beeindruckt. Als er eines Morgens zum Kindergarten kommt und ganz aufgeregt davon berichtet, dass er ein paar »echt starke Typen« gesehen habe und er am liebsten auch einer von denen wäre, hält die Erzieherin ein Gespräch für dringend erforderlich.

Zunächst fragt sie Philipp, was er denn an diesen Menschen, die mit geschorenem Kopf, Springerstiefeln und häufig tätowierten Armen, Fingern und Hälsen für Unruhe sorgen, so gut finde. Philipp sagt sofort: »Na, weil die stark sind und alle zusammenkloppen können. Außerdem haben die Baseballschläger und bestimmt auch Pistolen. Deshalb haben doch alle vor denen Angst.« Die Erzieherin schaut Philipp mit großen Augen an und fragt erneut nach: »Sag mal, Philipp, meinst du wirklich, das man dann stark ist, wenn andere vor einem Angst haben?« Philipp: »Na klar, genauso ist das.« Erneute Nachfrage der Erzieherin: »Möchtest du denn

auch, dass andere vor dir Angst haben, oder würdest du dich nicht mehr darüber freuen, wenn andere dich lieb haben?« Philipp: »Mich kann sowieso keiner leiden und außerdem haben die anderen Kinder ja alle Freunde.« Erzieherin: »Möchtest du das vielleicht ändern und soll ich dir dabei helfen?« Philipp: »Nein, wenn keiner mehr Angst vor mir hat, dann bin ich doch ein Garnichts.« (Soweit die Originalwiedergabe eines Gesprächsausschnitts.)
Betrachtet man den Hintergrund der familiären Situation des Kindes, so fällt Folgendes auf: Philipp wächst in einem Elternhaus auf, das außergewöhnlich stark intellektuell geprägt ist. Die Eltern, beide Akademiker, haben ihren Sohn von Anfang an wie einen Erwachsenen behandelt, alle Gespräche wurden stets »auf hohem Niveau« geführt, Gefühle wurden ausgeblendet und Philipps Handlungen wurden immer genau analysiert und bewertet. Das Gesprächsziel der Eltern lag stets darin, dass Philipp einsehen sollte, warum bestimmte Dinge vernünftig oder unvernünftig waren, was natürlich eine restlose Überforderung für den Jungen darstellte. Und so fühlte sich Philipp immer schwach, weil er die Erwartungen seiner Eltern aufgrund seines jungen Alters noch nicht erfüllen konnte.
Folgerichtig (aus entwicklungspsychologischer Sicht) versucht sich der Junge nun mit »starken Typen« zu identifizieren. Das ist ein für ihn (über-)lebensnotwendiger Versuch, seine selbsterlebte Schwäche auszugleichen. Kinder, die als »Rambo« auftreten, andere Kinder angreifen und schlagen (wollen), tragen dadurch immer einen innerseelischen Konflikt aus, der mit den anderen Kindern ursächlich nichts zu tun hat. Vielmehr richtet sich die Aggression eigentlich gegen die Personen, die ihn überfordern, unter Druck setzen und damit völlig verunsichern – hier die Eltern! Auch Philipp verhält sich (unbewusst) nach einer alten Weisheit: Geteiltes Leid ist halbes Leid. Aus einer erlebten, empfundenen

Ohnmacht entsteht das Bedürfnis, Macht haben zu wollen, die eigene Lebenssituation zu verändern. Da das aber nicht klappt, müssen andere für seine Lebenssituation herhalten. Angst hat damit viele »Masken« und Auswirkungen:

- Angst blockiert Lernprozesse und Entwicklungsmöglichkeiten, um neue Handlungswege zu sehen und auszuprobieren.
- Angst verhindert einen perspektivischen Blick für Problemlösungen und Konfliktverarbeitungen.
- Angst vernichtet selbsterlebte Sicherheiten, die als Grundlage für alle Entwicklungsprozesse dienlich sind.
- Angst führt Kinder zu immer neuen Irritationen, weil ihre Wahrnehmung auf Angriff und Verteidigung ausgerichtet ist.
- Angst lässt Kinder ihren Glauben an sich selbst und an eigene Stärken verlieren und fördert damit einen stetigen Abbau von Selbstwirksamkeitsüberzeugungen, die aggressionsfrei wären.
- Angst provoziert stets ein Misstrauen gegen sich selbst und andere Menschen und führt immer wieder dazu, das »Schlechte« in anderen zu vermuten.
- Angst lähmt alle Versuche, sich auf neue Lernmöglichkeiten einzulassen, und lässt das Kind daher immer wieder in gleicher Art und Weise reagieren.
- Angst weitet sich mit der Zeit zu einem pessimistisch geprägten Lebensgefühl aus, verbunden mit der Folge, sich selbst ständig als Verlierer einzuschätzen und sich immer mehr als »Opfer« zu betrachten.
- Angst ist die häufigste Ursache für die meisten Auffälligkeiten im Kindesalter: angefangen vom Stottern über Kopfschmerzen und Migräne, Magendruck oder Nägelkauen, große Stimmungsschwankungen oder lautes Schreien, Einkoten oder Tagträumereien, Regelübertre-

tungen oder häufiges Weinen, Gesicht- oder Körpertics, Zähneknirschen oder Schlafstörungen, depressive Stimmungen oder Ungeduld, Eifersucht oder Jähzorn, Hochstapeln oder Weglaufen, Schuleschwänzen oder Herrschsucht bis hin zu Zuwendungsabhängigkeit oder plötzliches Leistungsversagen.

Wenn ein Kind den Glauben an sich selbst verloren hat, gerät es schnell in ein Gefühl, unbeachtet, ungeliebt und übersehen zu werden. Meistens entstehen Aggressionen in Kindern, wenn sie sich unendlich schwach erleben, tiefe Einsamkeit spüren, das Gefühl der Verlassenheit in sich tragen und daran verzweifeln, dass sie offensichtlich keine Rolle für die Personen spielen, die sie mögen und auf die sie angewiesen sind.
Aggressionen sind Verteidigungsmechanismen gegen Überforderungssituationen! Sie dienen als Ausgleichsmechanismus für starke seelische Spannungen. Sie entstehen auch als Folge einer tiefen psychosozialen Verunsicherung und einer häufigen Demoralisierung. Aggressionen folgen als Reaktion darauf, nicht mit seinen persönlichen Stärken gesehen und geachtet zu werden – und damit können Aggressionen sehr häufig als eine Form der »Angstabwehr« eingestuft werden. Es geht dem Kind darum, sich seiner selbst zu versichern, nach dem Motto: »Ich übe Gewalt gegen andere aus, also bin ich wer!«
Ein Blick auf die Zunahme von Aggressivität und Gewalt unter Kindern lässt daher die Vermutung aufkommen, dass immer mehr Kinder in entsprechenden psychosozialen Verunsicherungen stecken, ohne dass ihnen entwicklungsförderliche Bedingungen angeboten werden, um aus diesem seelischen Dilemma herauszufinden.

# Jedes Kind besitzt einen eigenen Lebensplan

**Solange ich meine Individualität nicht entdecke, kann ich keine Beziehung eingehen.**
*Oskar Wilde*

Das gesamte Leben eines Menschen ist geprägt durch besonders bedeutsame Erfahrungen, Erlebnisse, Eindrücke und Geschehnisse, die ihre entsprechenden Auswirkungen auf die Persönlichkeitsbildung des Kindes haben. Es können besonders angenehme Eindrücke sein, die dem Kind immer wieder das Gefühl vermittelt haben, sich als ein gern gesehener Gast in dieser Welt zu fühlen, oder es können natürlich auch unangenehme Erlebnisse gewesen sein, die sich entwicklungshinderlich auf ein Kind ausgewirkt haben. Solche negativen Erfahrungen und Geschehnisse offenbaren sich dann beispielsweise in Entwicklungsverzögerungen, Entwicklungsrückschritten oder in den kindlichen Irritationen (= Verhaltensauffälligkeiten) – von Angstempfindungen bis zwanghaften Verhaltensweisen.

Betrachtet man einmal die unterschiedlichen Ausdrucksformen, die Kindern zur Verfügung stehen, so sind es stets sechs Ausdrucksmöglichkeiten, durch die Kinder ihr Seelenleben preisgeben (siehe Grafik Seite 91).

Dabei besitzen diese jeweils zwei Funktionen. Die erste Funktion liegt im »Aus-druck« (ursprüngliche Bedeutung: aus dem Druck kommen). Das heißt, dass außergewöhnlich viele, unterschiedliche Lebensereignisse Kinder immerzu in Aufregung oder Unruhe versetzen. Diese können angenehmer oder auch belastender Art sein. Auf jeden Fall er-

zeugen bedeutsame, prägende »Ein-Drücke« stets eine Drucksituation auf Kinder:

- wenn beispielsweise eine Verabredung mit Freunden nicht geklappt hat, wird aus einer Vorfreude Ärger oder Traurigkeit;
- wenn Eltern ihre Zusagen nicht eingehalten haben, entsteht aus hoffnungsvoller Freude ebenfalls Traurigkeit oder Wut;
- wenn bestimmte Spielvorhaben nicht gelingen, gerät ein Kind verständlicherweise in Wut oder Traurigkeit und wird vielleicht nach mehrmaligen misslungenen Versuchen resigniert aufgeben;
- wenn sich in Kinder Langeweile breitmacht und sie keine Idee haben, was sie aktiv unternehmen könnten, bündelt

sich häufig recht schnell Ärger über die eigene Initiativlosigkeit oder Antriebsschwäche;

- wenn die gern gesehenen und voller Hoffnung erwarteten Großeltern ihren Besuch angekündigt haben, ist bei vielen Kindern die Freude nicht zu bremsen und es fällt ihnen schwer, die Zeit bis zum Eintreffen der Großeltern abzuwarten;
- wenn im Elternhaus oder Kindergarten eine richtig spannende Aktion läuft, die Kinderherzen höher schlagen lässt, fällt es Kindern schwer, sich zum Tagesende davon zu verabschieden, um erst am nächsten Morgen weitermachen zu können.

Die Ausdrucksweisen der Kinder haben zugleich einen »Erzählwert«, der sich an ihre Umgebung richtet, getreu dem Motto: »Schaut her, wie es mir geht.« So tanzt ein Kind vor Freude, zieht sich bei Enttäuschungen zurück, weint heftig bei Misserfolgen oder Versagenserlebnissen, kaut an Nägeln bei starken inneren Spannungen, setzt sich bei einem geringen Selbstwertgefühl immer wieder in den Mittelpunkt, zeigt bei Unter- oder Überforderungssituationen Clownerien, berichtet von Angstträumen, wenn es erlebte Situationen nicht verarbeiten konnte, schlägt auf andere Kinder ein, wenn es selbst voller Spannungen steckt, klagt über Magenschmerzen, weil es sich von bestimmten Ereignissen überfordert fühlt, möchte immer wieder der Bestimmer in Spielsituationen sein, weil es sich ansonsten in Ohnmachtssituationen befindet, erzählt wie ein Wasserfall, weil es in seiner Vergangenheit des Öfteren erlebt hat, überhört worden zu sein, oder macht anderen Kindern alles nach, weil es selbst keine eigene Identität besitzt.

**Die Gegenwart leben heißt: Die Vergangenheit verstehen und begreifen lernen, um die Zukunft gestalten zu können.**
*Armin Krenz*

So besitzt die Vergangenheit immer einen »Prägewert«, gegenwärtiges Verhalten zeigt sich als »Ausdruckswert« und besitzt einen jeweils spezifischen »Erzähl- oder Bedeutungswert« und beeinflusst damit zukünftige Handlungsmechanismen in ihrem »Gestaltungswert«. Nun kommt es im Leben der Kinder darauf an, ob sie eine überwiegend entwicklungshinderliche elterliche Pädagogik oder eine überwiegend entwicklungsförderliche Entwicklungsbegleitung erfahren haben.
Typische Beispiele für entwicklungshinderliche Einflüsse entstehen häufig aus folgenden Erlebnissen und Erfahrungen:

- Trennungserlebnisse – zum Beispiel, wenn Kinder sich häufig einsam, alleingelassen fühlen unter dem Eindruck, dass sie sich von der Befriedigung ihrer seelischen Grundbedürfnisse verabschieden müssen;
- Beziehungsnöte – zum Beispiel, wenn Eltern oder andere Erwachsene Kinder mit einer permanenten Schuld belegen oder Kinder nur dann Beachtung und Liebe finden, wenn sie sich so verhalten, wie es die Erwachsenen erwarten;
- Bedrohungsängste – zum Beispiel, wenn Kinder sich ausgeschlossen oder ausgegrenzt fühlen bzw. Gewalt in ihren unterschiedlichsten Formen erfahren müssen; wenn Kinder unter großer Angst stehen, für klein(st)e Missgeschicke oder Verfehlungen bestraft zu werden; wenn Kinder spüren, dass Eltern unterdrückte Aggressionen gegen sie hegen; wenn Familiengeheimnisse tabuisiert werden

und keine offene Kommunikationsatmosphäre in der Familie besteht;

- Auslieferungserlebnisse – zum Beispiel, wenn Kinder sich in bestimmten Situationen völlig wehrlos erleben, unter einer fehlenden Solidarität leiden müssen oder fehlende Unterstützung erfahren; wenn Kinder mit Tatsachen konfrontiert werden, auf die sie keinen Einfluss haben dürfen; wenn Kinder in Familienstreitigkeiten oder Auseinandersetzungen der Eltern einbezogen werden, in denen sich die Kinder hin und her gerissen fühlen müssen;
- Ohnmachtserlebnisse – zum Beispiel, wenn Kinder immer wieder ihre Wirkungslosigkeit erfahren, trotz ihrer Vorschläge oder Beteiligungen.

In all diesen Fällen bleiben die unterschiedlichen Grundbedürfnisse eines Kindes unbefriedigt, verbunden mit der Folge, dass es ihnen weder in der Gegenwart noch in der Zukunft gelingen könnte, lebensbedeutsame Fähigkeiten auf- und auszubauen.

Das Drama besteht nun über die aktuell erlebte Situation hinaus darin, dass auch in zukünftigen Situationen die unbefriedigten Grundbedürfnisse des Kindes immer wieder aktualisiert werden (verbunden mit der Angst, zu kurz zu kommen, keinen Einfluss zu haben, wieder einmal zu versagen ...), sodass ein Kind im aktuellen Ereignis (unterbewusst) an seine vergangenen Erfahrungen erinnert wird und diese immer wieder neu »erlebt«. So etwas kennen viele Eltern sicherlich aus den Situationen, wenn aus einem anscheinend nichtigen, völlig geringfügigen Anlass Kinder plötzlich – auf den ersten Blick – unangemessen reagieren. Vergleichbar ist dies mit einem Vulkan, in dem sich in der (un)mittelbaren Vergangenheit jede Menge Magma unter der Bergkuppe angestaut hat und der nun völlig überraschend zum Ausbruch kommt.

Betrachtet man nun personale Entwicklungsmöglichkeiten eines seelisch gesunden, werteorientierten Kindes, so fällt es durch folgende Persönlichkeitsmerkmale auf:
*Selbstwirksamkeitsüberzeugungen* (Gedankenstruktur): »Wenn ich vor einer schwierigen Aufgabe stehe, schätze ich mich so ein, dass ich die vor mir stehende Aufgabe bewältigen kann.«
*Positives Selbstkonzept* (Gedankenstruktur): »Ich weiß aufgrund meiner inneren Zufriedenheit und selbstgespürten Sicherheit, dass ich jemand bin, der keine Angst zu haben braucht.«
*Gut ausgeprägtes Selbstwertgefühl* (Gedankenstruktur): »Ich fühle mich grundsätzlich wohl, vertraue meiner Leistungsfähigkeit, meiner Belastbarkeit und meiner ausdauernden Stärke, um alleine die Herausforderung zu meistern.«
*Interessen und Hobbys* (Handlungsstruktur): »Langeweile und Müßiggang sind mir eher fremd. Ich habe entsprechend vielfältige Interessen und weiß immer wieder, meine freie Zeit mit interessanten Aktivitäten zu füllen.«
*Zuversichtliche Lebenseinstellung* (Gedankenstruktur): »Auch wenn immer wieder was danebengeht oder nicht klappt, weiß ich doch: Alles wird gut, alles entwickelt sich positiv und für jedes Problem gibt es eine Lösung.«
*Explorationslust* (Gedanken- und Handlungsstruktur): »Die Welt steckt voller Rätsel, die entdeckt und gelöst werden wollen. Alles Unbekannte um mich herum ist eine Aufgabenstellung, um sich damit auseinanderzusetzen und selbstständig den vielen offenen Fragen auf die Spur zu kommen.«
*Entspannungsfähigkeit* (Gedanken- und Handlungsstruktur): »Das Leben ist wie eine Achterbahn mit Höhen und Tiefen. Um die Tiefen zu überwinden, suche ich mir immer wieder im Alltag Situationen, um Luft zu holen, Kraft zu schöpfen, auszuspannen und die schönen Erfahrungen zu genießen.«

*Verantwortungsübernahme bzw. soziale Perspektivübernahme* (Gedanken- und Handlungsstruktur): »Ich bin bereit, für das, was ich getan und auch unterlassen habe, Verantwortung zu übernehmen, weil es nicht die Situationen sind, die für etwas Schuld tragen, sondern die jeweiligen Menschen, die entweder falsch gehandelt oder Handlungen unterlassen haben. Gleichzeitig ist jeder – also auch ich – für eine soziale Kommunikation zuständig.«

Das Maß, wie stark oder schwach die seelischen Grundbedürfnisse des jeweiligen Menschen in seiner frühen Kindheit befriedigt (gesättigt) wurden, lässt schon im Kind sogenannte Grundsätze des Lebens, Lebensphilosophien, Haltungen bzw. grundsätzliche Sichtweisen entstehen. Diese werden in der Psychologie als »Lebenspläne« bezeichnet. Sie sind der jeweils »rote Faden« im Leben eines Menschen und bilden die Grundlage für seine Gefühls-, Denk- und Handlungsstrukturen. Der Lebensplan entwickelt sich aus der jeweils ganz persönlichen Bewertung aller zurückliegenden, bedeutungsvollen Lebenserfahrungen und sucht stets nach seiner Erfüllung. Somit bedingt der im Menschen liegende Lebensplan sein individuelles Verhaltensmuster.
An dieser Stelle seien einige typische Lebenspläne von Menschen kurz auf den Punkt gebracht:

- Der Lebensplan *Neugierde* führt beispielsweise den Menschen dazu, vieles um sich herum infrage zu stellen, permanent sein Wissen erweitern zu wollen, immer wieder eigenen (noch unbekannten) Entwicklungspotenzialen auf die Spur zu kommen, Herausforderungen im Leben zu suchen, Fragen zu stellen und Selbstentwicklung zum höchsten Ziel zu erklären.
- Der Lebensplan *Sicherheiten suchen* führt Menschen beispielsweise dazu, bekannte Verhaltenswege einzuschla-

gen, höhere Risiken zu vermeiden, an einmal gefundenen Wahrheiten festzuhalten, unbekannten Lösungswegen auszuweichen, Rituale zu pflegen, übersichtliche Situationen aufzusuchen, an Vorurteilen festzuhalten oder Gefahren lieber aus dem Weg zu gehen.

- Der Lebensplan *Suche nach Anerkennung* führt Menschen beispielsweise dazu, sich gerne in den Vordergrund zu drängen, mit entsprechenden Leistungen glänzen zu wollen, Aufmerksamkeit zu erregen, sich beliebt machen oder anderen gefallen zu wollen.
- Der Lebensplan *Beachtung erleben* äußert sich beispielsweise dadurch, dass Menschen vieles unternehmen, um einem Gefühl von Einsamkeit zu entrinnen. So wird in diesem Zusammenhang ein stets lebendiger Kommunikationswunsch bestehen, der sich bei Jugendlichen oder Erwachsenen über pausenlose Handy-Gespräche, permanente SMS-Botschaften, dem stundenlangen Chatten im Internet oder andere Fluchttendenzen vor einer möglichen Einsamkeit ausdrücken kann. Kinder suchen demgegenüber stets und überall Nähe.

## Ich-Identität und Selbstkompetenz als Motor der Selbstentwicklung

An sich selbst glauben ist ein Mittel zum Wachsen. Denn der Mensch wird, was er glaubt. Wenn ich mir andauernd vorsage, ich könnte dieses oder jenes nicht, dann werde ich in der Tat unfähig dazu. Wenn ich dagegen fest glaube, ich werde es können, dann bekomme ich sicher die Fähigkeit dazu, selbst wenn ich sie anfangs nicht hatte.
*Mahatma Gandhi*

Die Frage, welche Bedeutung das Selbstkonzept des Menschen für seine Entwicklung hat, beschäftigt seit vielen Jahrzehnten die wissenschaftlich ausgerichtete Psychologie und hat sich dort zu einem zentralen Thema entwickelt. So vielfältig die Untersuchungsergebnisse dazu sind, so unterschiedlich sind die Begriffe, die als Synonym für das Wort »Selbstwertgefühl« benutzt werden: Selbstbewertung, Selbstkonzept, Selbst-Theorie, Selbst-Schema, Selbstvertrauen, Selbsteinschätzung, Selbstakzeptanz, Selbstmodell. Jede Person hat eine ganz bestimmte Vorstellung von bzw. über sich selbst – eine Einstellung, die das Selbstbild (Selbstkonzept) prägt und die Selbsteinschätzung über die persönlichen Fähigkeiten und individuellen Eigenschaften kennzeichnet. Die Summe aus der Gesamtheit der persönlich vorgenommenen Bewertungen ergibt dabei ein emotional geprägtes und selbst evaluiertes Bewertungskonzept, das als »Selbstwertgefühl« bezeichnet werden kann. So unterschiedlich die Menschen sind, so unterschiedlich kann daher auch die Selbsteinschätzung ausfallen. Dabei rücken bei der Selbstbeurteilung eines Selbstwertes vor allem zwei Be-

griffe in den Mittelpunkt der Betrachtung: Stärke und Schwäche.
Um diese Bipolarität zu verdeutlichen und einen Einstieg in diesen inhaltlichen Schwerpunkt zu ermöglichen, sollen im Folgenden einige Aussagen aufgeführt werden, die für eine persönlich geprägte Selbsteinschätzung Ihres Kindes herangezogen werden können. Dabei ist es hilfreich, sich auf eine Einschätzung einzulassen, die in vier Kategorien geteilt ist: a) trifft genau zu (+2), b) trifft eher zu (+1), c) trifft weniger bis kaum zu (-1), d) trifft gar nicht zu (-2). Je häufiger eine Beantwortung in der Kategorie »trifft genau zu« stattfindet, desto ausgeprägter zeichnet sich ein stabiles Selbstkonzept ab.

### Merkmale zur Einschätzung des Selbstkonzepts

| | +2 | +1 | -1 | -2 |
|---|---|---|---|---|
| Das Kind glaubt fest an seine Fähigkeiten, dass durch eigene Anstrengungen die meisten Schwierigkeiten und Irritationen lösbar sind. | | | | |
| Das, was für das Kind zählt, ist die Motivation, immer wieder Neues und Unbekanntes zu entdecken, anstatt an Bekanntem und Sicherheit gebenden Gedanken- und Handlungsstrukturen festzuhalten. | | | | |
| Das Kind ist fest davon überzeugt, dass es selbst durch sein aktives Wirken Einfluss auf sehr viele Situationsveränderungen haben kann. | | | | |

| | +2 | +1 | -1 | -2 |
|---|---|---|---|---|
| Das Kind freut sich vor allem dann über Erfolge, wenn es selbst durch eigene Aktivität den entscheidenden Anteil zum Erfolg beigetragen hat, statt über Erfolge, die es anderen Personen und ihrem Einsatz zu verdanken hat. | | | | |
| Bei Misserfolgen sucht das Kind zunächst immer bei sich selbst die mögliche Ursache und delegiert nicht automatisch und vorschnell die Schuld an andere Personen oder die situationsbezogenen Verhältnisse. | | | | |
| Leidenschaft und Begeisterungsfähigkeit spielen für das Kind eine weitaus größere Rolle als Inaktivität und Lustlosigkeit. | | | | |
| Modische Trends oder zeitaktuelle Highlights bestimmen nicht das Leben des Kindes, weil es eigene Kriterien von Richtigkeit besitzt. Charaktereigenschaften siedelt es damit höher an als Äußerlichkeiten. | | | | |
| Es gelingt dem Kind ohne große Überwindung, sich für Fehler bei anderen zu entschuldigen. | | | | |
| Seelische Verletzungen führen das Kind nicht dazu, sich zurückzuziehen und in Selbstvorwürfen zu verweilen, sondern selbstaktiv tätig zu werden, um diese Irritationen mit sich selbst und den dafür verantwortlichen Personen zu klären. | | | | |
| Es entspricht weder dem Interesse des Kindes noch seinem Selbstverständnis, anderen Personen gefallen zu wollen bzw. von ihnen gemocht zu werden. | | | | |

| | +2 | +1 | -1 | -2 |
|---|---|---|---|---|
| Es macht dem Kind nichts aus, abweichende Einschätzungen in einer Gruppe zu äußern und sich der Meinung anderer Gruppenmitglieder zu widersetzen. | | | | |
| Zivilcourage und Mut sind für das Kind besonders bedeutsame Persönlichkeitsmerkmale, die einen hohen Stellenwert in seinem Verhalten besitzen. | | | | |
| Es fällt dem Kind nicht schwer, sich von anderen Kindern zu trennen, die einen entwicklungshinderlichen Einfluss ausüben. | | | | |
| Angst spielt im Vergleich zur Freude eine deutlich untergeordnete Rolle. | | | | |
| Moralisch bedeutsame und entwicklungsförderliche Wertvorstellungen prägen das Leben des Kindes, ohne dass es unter moralisierenden Grundsätzen leidet. | | | | |
| Es macht dem Kind nichts aus, ungerechtfertigte oder falsche Erwartungen abzulehnen, und stattdessen alternative Vorschläge zu unterbreiten. | | | | |
| Es fällt dem Kind leicht, auf andere Menschen zuzugehen und mit ihnen offen und ehrlich zu kommunizieren, auch wenn es dadurch Irritationen erzeugt. | | | | |
| Das Kind beurteilt sich danach, was es aus eigener Kraft leistet und bewirken kann. | | | | |
| Sorgen und Kummer halten das Kind nicht davon ab, weiterhin aktiv und lebendig zu handeln, perspektivisch zu denken und innovativ auf Herausforderungen zuzugehen. | | | | |

| | +2 | +1 | -1 | -2 |
|---|---|---|---|---|
| Das Kind hat wenig Angst, Fehler zu machen, und sieht eigene Fehler als Lernherausforderung an, um in neuen Situationen ein anderes Verhalten auszuprobieren. | | | | |

Das Selbstwertgefühl – auch Selbstachtung genannt – ist der Bedeutungswert, den eine Person sich selbst gibt. Er ist zunächst immer davon abhängig, wie viel Respekt und Achtung eine Person vor sich selbst hat und wie viel Zuneigung und Liebe die Person sich selbst schenkt. Ein Selbstwertgefühl richtet sich daher grundsätzlich *nicht* nach dem Wert, den andere Personen oder Gruppen dem betreffenden Menschen beimessen! Menschen mit einem niedrig ausgeprägten Selbstwertgefühl tragen Unsicherheiten und häufig tief verankerte Ängste in sich. Sie gehen dabei in ihrem aktuellen Tun weniger den eigenen Erkenntnissen oder Erfordernissen nach als vielmehr ihren Gedanken, was andere Menschen über sie denken könnten, welches Bild sie durch ihr Verhalten nach außen abgeben und welche Schwierigkeiten für sie erneut damit verbunden wären, wenn sie sich durch erwartungswidrige Verhaltensmerkmale offenbaren.
Schon an dieser Stelle wird deutlich: Ängste und grundsätzliche Unsicherheiten bewirken eine Abhängigkeit (von eigenen und fremden Meinungen), die wiederum neue Lernchancen blockieren und neue Lernerfahrungen verhindern. Damit kein Missverständnis entsteht: Selbstverständlich werden auch Selbstwert besitzende Menschen in bestimmten Situationen einmal Angst spüren oder Unsicherheiten bemerken. Nur mit dem Unterschied, dass es auf der einen Seite keine vorherrschenden Grundgefühle sind. Sie begreifen diese Gefühle als aktuelle, zeitbegrenzte Tiefpunkte (sogenannte »low-pot-feelings«). Und auf der anderen Seite

sind es solche Angst auslösende, verunsichernde Situationen, die real jedem Menschen als Bedrohung vorkommen müssen (zum Beispiel ein Wohnungsbrand, der definitive Verlust des Arbeitsplatzes, ein Motorschaden am PKW bei einer nächtlichen Autofahrt in einer völlig verlassenen, unbewohnten Gegend usw.).

Selbstwert besitzende Menschen – Kinder ebenso wie Eltern –

- tragen einen ausgeprägten und grundsätzlichen Optimismus in sich, dass es immer eine Lösung für ein Problem gibt;
- sind von ihrer Entscheidungskompetenz überzeugt, stets eine Auswahl zu besitzen, beispielsweise etwas sein zu lassen (und mit den dann entsprechenden Folgen rechnen zu müssen) oder etwas zu tun (mit den dann voraussichtlichen Konsequenzen);
- können in den unterschiedlichen Situationen Hilfen von anderen annehmen, sind aber nicht auf die Hilfen anderer angewiesen und versuchen daher zunächst immer, in Eigenaktivität die entsprechende Aufgabenstellung zu meistern;
- können sehr viel mit sich allein anfangen, gehen ihren eigenen Hobbys und Interessengebieten nach und sind nicht darauf fixiert, mit »Angeboten« von außen beschäftigt zu werden;
- haben vor allem ihre Emotionalität nicht mit starren Regeln belegt: Sie öffnen sich ihren Emotionen, schauen hin, welche Gründe und Auslöser es für die momentanen Befindlichkeiten gibt, stellen Sinnzusammenhänge zwischen möglichen Ursachen und ihrer derzeitigen Befindlichkeit her, gehen auf die Suche nach Lösungswegen und setzen anvisierte Handlungsschritte Stück für Stück um;
- tragen eine grundsätzliche Zuversicht in sich, dass das, was sie sich vorgenommen haben, klappen wird;

- besitzen Offenheit für neue, ungewohnte Problemlösungen und begeben sich daher gerne auf unbekannte Wege;
- setzen ebenso ein tiefes Vertrauen in die eigenen Kräfte wie auch in andere Personen, indem sie zunächst immer »das Gute im Menschen« sehen.

Weder psychologische Untersuchungen noch Ergebnisse aus dem weiten Feld der Persönlichkeitspsychologie konnten bisher nachweisen, dass das Selbstwertgefühl eines Menschen einen genetisch veranlagten Ursprung hat. Insofern ist davon auszugehen, dass sich das Selbstwertgefühl im Laufe der lebensbiografischen Entwicklung des Menschen aufbaut.

So hat ein neugeborenes Kind weder intensive Erfahrungen im Umgang mit sich selbst noch irgendwelche Kriterien, die es nutzt, um seinen individuellen Wert ein- und abschätzen zu können. Diese »Werterfahrungen« wird es durch seine Kommunikation mit seinem Umfeld und durch die besondere Interaktion der Menschen machen, die mit ihm umgehen: Zunächst sind es Eltern(teile), Geschwister und Großeltern und/oder andere Kinder, Freunde der Eltern und andere Personen. Später werden vor allem ErzieherInnen, Lehrkräfte und Gleichaltrigengruppen ihre Spuren im Hinblick auf die Zu- oder Abnahme des Selbstwertgefühls hinterlassen.

Es ist vom heutigen Erkenntnisstand der entwicklungspsychologischen Forschung davon auszugehen, dass vor allem die Sättigung der seelischen Grundbedürfnisse eine außergewöhnlich hohe, wenn nicht sogar entscheidende Bedeutung für die Entstehung eines Selbstwertgefühls besitzt. Eine solche Sättigung der seelischen Grundbedürfnisse kann als eine Grundlage dafür angesehen werden, ob ein Kind in der Gegenwart und Zukunft den Eindruck von sich selbst hat, dass es »gute« Verhaltensweisen zum Ausdruck bringt und gleichzeitig als »liebenswert« in und von seinem Umfeld betrachtet wird. Fühlt es sich im Gegensatz dazu häufig kritisiert und »schlecht«, als »wenig liebenswert« oder gar »ungeliebt« betrachtet, so muss in seiner weiteren Entwicklungsgeschichte mit einer negativen Selbstwertentwicklung gerechnet werden.

Michael Birkenbihl hat während einer Veranstaltung einmal versucht, die Hauptfaktoren eines Selbstwertgefühls auf den Punkt zu bringen. Er ging von fünf basalen Voraussetzungen aus, die ein Selbstwertgefühl kennzeichnen:

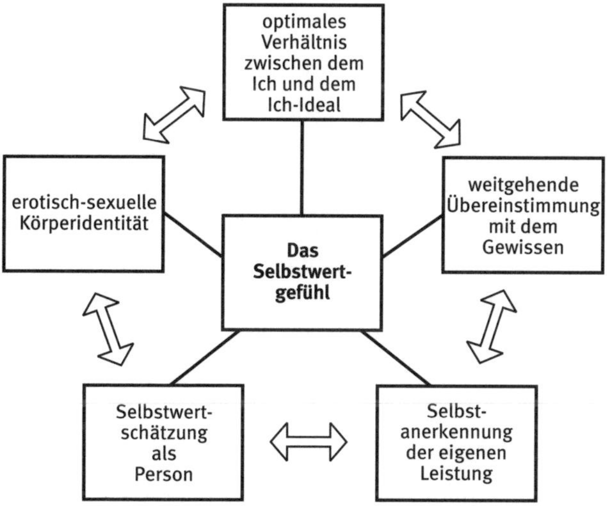


Werden diese wesentlichen Prämissen nun auf das Selbstwertgefühl übertragen, so können entsprechende *Merkmale eines Selbstwertgefühls* abgeleitet werden.

- Der erste Punkt *optimales Verhältnis zwischen dem Ich und dem Ich-Ideal* setzt zunächst voraus, dass eine selbstsichere Person eine weitestgehend realistische Vorstellung von sich selbst (seinem »Sein«), seinen Verhaltensweisen und Persönlichkeitsmerkmalen, seinen inneren Überzeugungen und gelebten Werten besitzt und gleichzeitig eine Vorstellung von (s)einem *Ideal-Ich* (wer man sein möchte) hat. Ein sogenanntes optimales Verhältnis entspräche einer (vielleicht nahezu vorhandenen) Deckungsgleichheit, die nur dann entstehen würde, wenn sich die beiden Pole »Sein« und »Wollen« kontinuierlich annähern und schließlich zu einer Entsprechung führen. Dies könnte bedeuten, entweder Veränderungen am eigenen Sein oder aber Veränderungen am *Ideal-Ich* vorzunehmen.

- Punkt zwei geht davon aus, dass es bei einer *weitgehenden Übereinstimmung mit dem Gewissen* eine solche »moralische Instanz« (in der Person) gibt. Sie setzt sich aus Einstellungen, Einschätzungen und Wertegrundsätzen zusammen, die es der Person ermöglichen, die eigenen, gezeigten oder beabsichtigten, Verhaltensmomente mit den innerlich wirksamen Vorstellungen von gut und böse, richtig und falsch, angemessen und unangemessen, sozial förderlich und sozial unverträglich zu verbinden. Ein »gutes« Gewissen zu haben hieße in diesem Zusammenhang, das aktuell gezeigte Verhalten mit der innerlich zugrunde liegenden Moralvorstellung in einer Deckungsgleichheit zu wissen und das gute Gefühl zu besitzen, »genau das Richtige« getan zu haben.
- Sicherlich ist es so, dass bei Kindern die *Anerkennung einer Leistung* eine zunächst logische und nachvollziehbar große Rolle im Prozess der Selbstwertentwicklung spielt. Kinder, die etwas schaffen und dafür gelobt werden, erleben Freude im Hinblick auf ihren gezeigten Einsatz und werden sicherlich motiviert, mit ihrer begonnenen Tätigkeit fortzufahren. Doch inzwischen wurden

durch vielfältige Ergebnisse aus der Bildungs-, Erziehungs- und Bindungsforschung Fakten offenkundig, dass es im Sinne der Selbstbildung und Selbstwirksamkeit in Bezug auf die Entstehung eines Selbstwertgefühls bedeutsamer ist, dass sich die Personen selbst für ihre Leistung anerkennen (können). Entsprechend dem Motto: »Das hab ich gut gemacht«, »Dass ich das geschafft habe, ist eine echte Leistung«, »Ein solches Arbeitsergebnis – von mir erzielt – genial!«
Insofern kann die vorliegende Prämisse für die Entstehung und Weiterentwicklung eines Selbstwertgefühls dahin gehend erweitert werden, dass auf zwei neue bzw. neuartige Aspekte hingewiesen werden muss: Zum einen haben Erwachsene immer stärker in der Kommunikation mit Kindern darauf zu achten, dass sie durch ihr Verhalten dafür Sorge tragen, dass Kinder erstens möglichst viel (selbstständig) leisten können und zweitens die Möglichkeit erfahren und lernen können, sich selbst mit Freude und Stolz zu loben. Zum anderen ist inzwischen bekannt, dass Selbstwert besitzende Kinder, Jugendliche und Erwachsene leistungsmotiviert sind, Leistung erbringen wollen (ohne sich durch die Leistung selbst als bedeutsam definieren zu müssen) und die Leistungsergebnisse selbst als Anerkennung für die Personen ausreichen. Insofern sind der Wunsch oder die Freude, dass erreichte Leistungen von außen anerkannt werden, ein Beweis für ein fehlendes oder eher eingeschränktes Selbstwertgefühl.

- In sehr ähnlicher Weise verhält es sich mit der *Wertschätzung als Person*. Während kleinere Kinder auf Respekt, Wertschätzung und Achtung ihrer Person durch Menschen aus ihrem (un)mittelbaren Umfeld angewiesen sind, geht es bei Jugendlichen und Erwachsenen vermehrt um eine »Selbstwertschätzung als Person«. Entsprechend dem Motto: »Ich gefalle mir, so wie ich bin, und brauche keine regelmäßige Wertschätzung durch außen stehende Personen.« Der innerlich vorherrschende Wunsch, von (möglichst vielen) anderen Menschen gemocht, geliebt, beachtet, geachtet zu sein, ist auch in diesem Fall ein Beweis für ein fehlendes oder zumindest eingeschränktes Selbstwertgefühl.

- Das, was im Leben eines älteren Heranwachsenden oder im Erwachsenenalter generell fester Bestandteil des Lebens ist – eine Beziehung zu haben, in der die erotisch-sexuelle Befriedigung einen festen Platz hat –, kann sicherlich auf Kinder in einer ähnlichen Wertigkeit, wenn auch anderen Bedeutung, übertragen werden. Kinder sind von Anfang an Personen mit einer allumfassenden Körperwahrnehmung, zu der auch die Wahrnehmung als sexuelles Wesen gehört. Erst die feste und befriedigende Integration der Sexualität ermöglicht eine ganzheitliche Körperannahme und schafft die Voraussetzung und Grundlage für eine breite und weit angelegte Genussfähigkeit des Menschen. Die Forderung, »mit allen Sinnen genießen zu können«, bezieht sich daher sowohl auf die Freude leiblicher als auch seelischer, kognitiver und körperlicher Freuden.

Die Frage, ob das Selbstwertgefühl eines Menschen eine grundsätzliche Stabilität (Unveränderlichkeit) oder Veränderbarkeit besitzt, kann nicht eindeutig beantwortet werden. Unbestritten scheinen hingegen zwei Tatsachen zu sein: Zum einen kann ein Selbstwertgefühl jederzeit durch belastende Eindrücke und Erfahrungen in der persönlichen Wertebeimessung an Wert verlieren – beispielsweise durch außergewöhnlich unangenehme Erlebnisse, Konfrontationen mit starken emotionalen oder kognitiven Überforderungen bzw. persönlichkeitsirritierenden Einflüssen. Zum anderen sind Menschen (von klein auf) durchaus in der Lage, aktiv an der Ausprägung ihres Selbstwertgefühls zu arbeiten – beispielsweise durch persönliche Entwicklungen, den Auf- und Ausbau neuer Verhaltensstärken, die Entdeckung und Nutzung neuer Talente oder den Abbau von Ängsten und bisher lebensbestimmenden Unsicherheiten. Ausgangspunkt für den Auf- und Ausbau eines Selbstwertgefühls scheint dabei die »Selbstwirksamkeitsüberzeugung« der Person zu sein. Sie fühlt und sieht sich in der Lage, sich weitaus stärker an ihren verinnerlichten, eigenen Wirksamkeitserwartungen zu orientieren als an einer Ergebniserwartung. Damit ist gemeint, dass Selbstwirksamkeit einen für den Menschen außergewöhnlich bedeutsamen handlungsleitenden Wert in sich trägt und Personen sich selbst in den unterschiedlichen Lebenssituationen und -herausforderungen in der Lage sehen, etwas bewirken zu können. Vor allem in solchen Situationen, in denen die Menschen auf erwartete und ggf. auch unerwartete Probleme und Schwierigkeiten stoßen (können). Das trifft auf Kinder ebenso zu wie auf Erwachsene.

**Menschen, die sich selbst nicht lieben und achten können und ihre Mitmenschen nicht zu lieben und achten vermögen, müssen Macht, Herrschaft und Kontrolle über den anderen, das Kind und in krankhafter Verzerrung über sich selbst ausüben. Ihr Bewusstsein ist gespalten, was sie destruktiv handeln lässt – gegen sich und andere.**

***Dr. Janusz Korczak***

# Proviant für die Kinderseele

**Ein Kind will umsorgt sein, sich geborgen und angenommen fühlen, damit es gedeihen und sich seinen Möglichkeiten entsprechend entwickeln kann.**
*Remo Largo*

Wie im vorherigen Kapitel erwähnt, steht in der Entwicklung der Kinder zunächst der Auf- und Ausbau der Selbstkompetenz (Ich-Identität) im Vordergrund. Dabei geht es vor allem um ein zufriedenstellendes Verhältnis des Kindes zu sich selbst und um seine vielfältigen Möglichkeiten, sich unter dem besonderen Aspekt der eigenen Interessen und Ressourcen mit sich und dem Umfeld auseinanderzusetzen und bedeutsame, aufbauende Lebenserfahrungen zu machen. Nur dadurch ist das Kind in der Lage, alle eigenen, innewohnenden Ressourcen (Potenziale, Talente) zu entdecken.
Dieser Ich-Kompetenz wird eine grundlegende Bedeutung im Hinblick auf die Entwicklung einer Ich-Autonomie beigemessen, die dem Kind hilft, (Selbst-)Vertrauen zu sich und zu seinem gesamten Handeln zu erlangen sowie der Welt um sich herum mit Vertrauen zu begegnen. Leider zeigen sowohl Beobachtungen in der Praxis als auch vielfältige Untersuchungen, dass es offensichtlich vielen Kindern immer schwerer fällt bzw. gemacht wird, diese basale – *grundlegende* – Entwicklung von Anfang an erfahren zu dürfen.

In der aktuellen Entwicklungspsychologie gehen viele WissenschaftlerInnen inzwischen davon aus, dass Kinder in zunehmendem Maße immer wieder Entwicklungsunterbrechungen erleben bzw. erlebt haben, die es ihnen nahezu unmöglich machen, sogenannte *Basisfähigkeiten* aufzubauen. Genannt seien hier vor allem die Bereiche Selbst- und Fremdwahrnehmungsbereitschaft, Wahrnehmungsdifferenzierung, Selbstannahme, Erleben von Personstärke, Öffnungsbereitschaft für Selbstexploration, Motivation zur Selbstentwicklung, immer wieder neue Lernbereiche für sich entdecken, Aktivitätsmotivation zum Stressabbau aufbringen, Wertigkeitssensibilität besitzen, Gefühlsexplorationen auf sich nehmen, eine eigene Lernmotivation zulassen, konstruktives Konfliktmanagement entdecken und nutzen.
Inzwischen hat sich gezeigt, dass es »automatisierte, innere Entwicklungsabläufe« (als ein feststehendes genetisches Programm) im Hinblick auf den Aufbau von Fähigkeiten *nicht* gibt. (Anmerkung: Gäbe es ein solches Programm, würde sich in diesem Zusammenhang auch jede »Erziehungsnotwendigkeit« erübrigen und das Aufgabenfeld aller ErzieherInnen bzw. die Bemühungen vieler Eltern hätten keine Existenzberechtigung.)
Allerdings zeigen Beobachtungsergebnisse, dass spezifische Basisfähigkeiten in Verbindung mit einer qualitativ intensiven Grundbedürfnisbefriedigung sehr eng vernetzt sind. Gleichzeitig ergeben sich Verhaltensirritationen spezifischer Art aus der Nichtbefriedigung bestimmter seelischer Grundbedürfnisse. Werden nun Basisfähigkeiten als ein Aufbauprozess und entsprechende Fertigkeiten als eine Ausbauentwicklung dieser Fähigkeiten Sinn verbunden betrachtet, richtet sich die notwendige Aufmerksamkeit auf zwei Elemente. Zum einen muss die gesamte elterliche Pädagogik so gestaltet werden, dass Kinder in der täglichen Arbeit ihre Grundbedürfnisbefriedigung erleben (können). Zum anderen sind es aber auch

bestimmte Verhaltensmerkmale der Eltern, die notwendig sind, dem Anspruch einer bedürfnisgerechten Kommunikation und Interaktion gerecht zu werden.
Die Befriedigung (Sättigung) basaler Grundbedürfnisse sorgt für die Grundlage eines Entwicklungsaufbaus von spezifischen Fähigkeiten bei Kindern, wobei die Existenz dieser Basisfähigkeiten zu spezifischen kognitiven, emotionalen, motorischen und sozialen Fertigkeiten führt. Eine solche Grundbedürfnisbefriedigung verlangt wiederum – je nach Art des Grundbedürfnisses – nach spezifischen Erwachsenenkompetenzen. Sind Eltern dazu nicht in der Lage oder ist eine Sättigung nicht ausreichend, führen diese Entbehrungserlebnisse zu notwendigen Verhaltensirritationen, weil Kinder diese Grundlagen für lebensbedeutsame Fertigkeiten nicht aufbauen können und somit auch nicht besitzen.
Alles fängt mit einer Kenntnis der *Grundbedürfnisse* von Kindern an – diese können entwicklungspsychologisch als »tragende Entwicklungssäulen für den Identitätsaufbau von Kindern« bezeichnet werden, die den Kindern helfen, »Wurzeln für ihr Gegenwärtiges und Zukünftiges« zu entwickeln.
Die 16 seelischen Grundbedürfnisse umfassen folgende Aspekte (siehe Grafik Seite 114):

Kinder, deren seelische Grundbedürfnisse weitgehend befriedigt (= gesättigt) wurden, erlangen eine Einstellung zu sich und gegenüber ihrer Welt, die durch folgende Grundannahmen gekennzeichnet sind: *Ich bin (wer), ich kann (was)* und *ich habe (etwas Bedeutsames).*

Ich bin jemand, der

- sich von anderen Menschen und der Welt angenommen, respektiert und geliebt fühlt und deshalb auch mit anderen Menschen, Tieren und der Natur respektvoll umgehen kann;

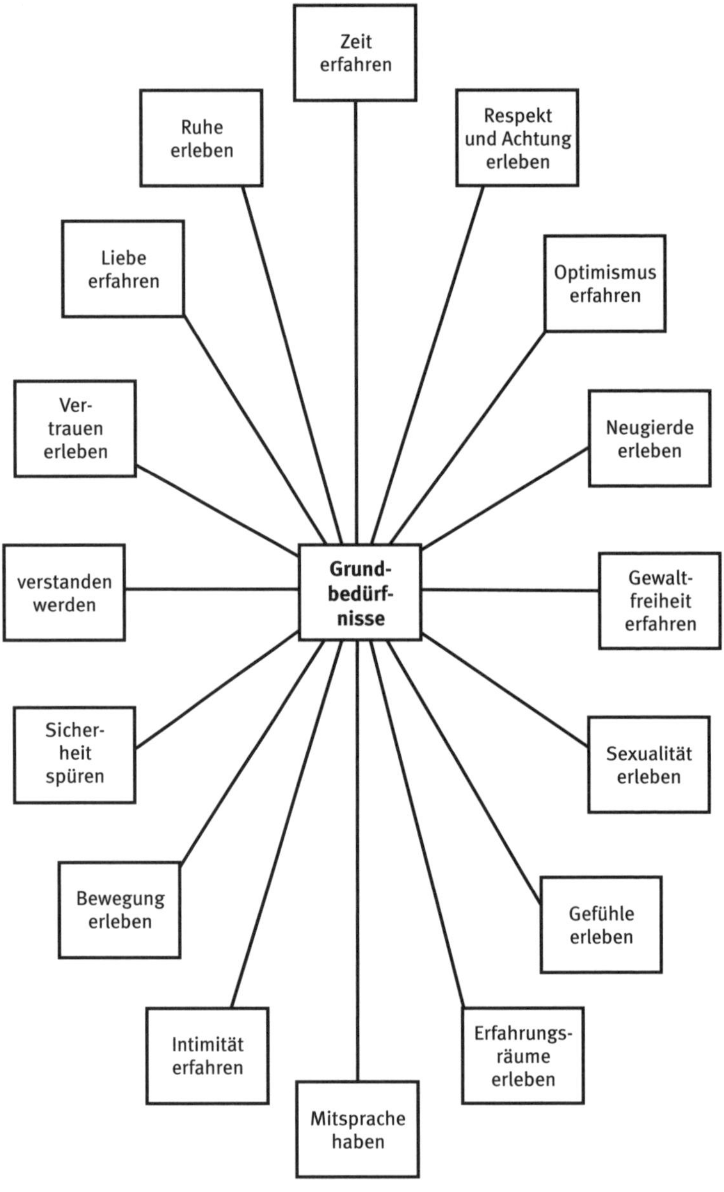
Zeit erfahren
Ruhe erleben
Respekt und Achtung erleben
Liebe erfahren
Optimismus erfahren
Ver- trauen erleben
Neugierde erleben
verstanden werden
Grund- bedürf- nisse
Gewalt- freiheit erfahren
Sicher- heit spüren
Sexualität erleben
Bewegung erleben
Gefühle erleben
Intimität erfahren
Erfahrungs- räume erleben
Mitsprache haben

- sich selbst liebt und deshalb auch mit anderen Menschen Freundschaft, Liebe und Glück teilen kann und teilen möchte;
- sich hoffnungsvoll auf die Gegenwart einlassen und deshalb optimistisch in die Zukunft schauen kann;
- wertschätzend und sorgsam mit sich selbst, anderen Menschen, Tieren und der Natur umgehen will, weil er Sorgsamkeit als einen hohen Wert in seinem eigenen Leben kennenlernen konnte/durfte;
- Lebensfreude empfindet und deshalb Verantwortung für sein Leben und die eigene Lebensgestaltung übernehmen kann.

Ich kann
- meine Verhaltensweisen in schwierigen Situationen weitgehend kontrollieren und steuern, sodass ich auch für andere Menschen berechenbar bin;
- meine unterschiedlichen Gefühle zulassen und schäme mich nicht meiner Traurigkeiten und Ängste, die ich zu meinem Leben dazuzähle;
- meine belastenden Lebenssituationen erkennen, aufgreifen und durch eigene Handlungsschritte verändern, sodass Ziele mein Leben bestimmen;
- stolz auf meine eigenen Leistungen sein und bin deshalb nicht darauf angewiesen, dass andere mich loben;
- Leistungs- und Anstrengungsbereitschaft an den Tag legen, um auch schwierigere Aufgaben selbstständig und weitgehend ohne fremde Hilfe zu erledigen;
- mich mit Wahrnehmungsoffenheit und Interesse an neue Herausforderungen heranwagen und mir selbst entsprechende Aufgaben stellen und bin deshalb in der Lage, mein Leben aktiv (entwicklungsförderlich) zu steuern und zu gestalten.

Ich habe

- die notwendige Sicherheit in mir, Wichtiges von Unwichtigem zu unterscheiden, Wesentliches von Unwesentlichem zu trennen und mich damit bei Aufgabenstellungen auf mich selbst zu verlassen;
- die Neugierde in mir, mein Leben lang dazulernen zu wollen, und besitze die Bereitschaft, mich immer wieder dort zu ändern, wo ich merke, dass es bessere Problemlösungswege gibt als bisherige, weniger brauchbare Lösungsversuche;
- die Stärke und den Mut, immer wieder dort neue Wagnisse einzugehen, wo es nötig zu sein scheint, sich von »alten Pfaden« zu verabschieden;
- das Vertrauen, dass Konflikte ohne Machtausübung und andere »destruktive Kampfmittel« zu regeln sind;
- ein Zuständigkeitsempfinden für Situationen in meinem mittelbaren und unmittelbaren Umfeld, das mich dazu führt, Verantwortung für eine Verbesserung von problematischen Situationen zu zeigen und zu übernehmen.*

Eltern tragen Tag für Tag ihren entscheidenden Anteil dazu bei, dass Kinder diesen *lebensbedeutsamen Seelenproviant* mitbekommen.

**Es gibt kein Alter, in dem alles so irrsinnig intensiv erlebt wird wie die Kindheit. Wir Großen sollten uns daran erinnern, wie das war.**
***Astrid Lindgren***

---

*In Anlehnung an Wustmann 2004, S. 118

# Die 16 Säulen der emotional-sozialen Intelligenz

## ZEIT (als Grundlage zur Selbst- und Fremdwahrnehmung)

**Zeit für zehn Dinge**

Nimm dir Zeit zum Arbeiten – das ist der Preis für den Erfolg.
Nimm dir Zeit zum Nachdenken – das ist die Quelle der Kraft.
Nimm dir Zeit zum Spielen – das ist das Geheimnis der Jugend.
Nimm dir Zeit zum Lesen – das ist das Fundament des Wissens.
Nimm dir Zeit für die Andacht – das wäscht den irdischen Staub von deinen Augen.
Nimm dir Zeit für deine Freunde – das ist die Quelle des Glücks.
Nimm dir Zeit zum Lieben – das ist das einzige Sakrament des Lebens.
Nimm dir Zeit zum Träumen – das zieht die Seele zu den Sternen hinauf.
Nimm dir Zeit zum Lachen – das ist die Erleichterung, welche die Bürden des Lebens tragen hilft.
Nimm dir Zeit zum Planen, denn dann hast du auch Zeit für die ersten neun Dinge.

*Alte irische Segenswünsche*

Kinder wollen die Welt um sich herum entdecken. Sie sind von Natur aus neugierig und wissbegierig und verspüren an allen Orten und zu allen Zeiten den Wunsch, die neuen Dinge zu sehen, zu hören, zu spüren, zu schmecken, zu riechen und anzufassen, um ihre Umgebungswelt zu erfahren. Und da Kinder annehmen, dass alles um sie herum darauf wartet, von ihnen entdeckt zu werden, entdecken sie die Vielfalt der Dinge. Es scheint für Kinder nichts zu geben, was uninteres-

sant sein könnte: der krabbelnde Käfer an der Häuserwand, das glitzernde Steinchen auf dem Fußgängerweg, der Bagger auf der Baustelle, das Sandhäufchen an der Häuserwand, die Vögel im Baum, die langsam schleichende Katze auf der Wiese, die bunte Vielfalt im Einkaufsgeschäft, der quietschende Einkaufswagen, die leere Flasche im Rinnstein, die knisternde Brötchentüte, das Rascheln in der Hecke, die Bilder auf der Litfasssäule, die unterschiedlichen Menschen im Bus, das weinende Baby, der lustig wirkende Busfahrer, die streitenden Erwachsenen auf dem Parkplatz oder das nahende Sirenengeräusch der Feuerwehr.
Um diese Vielfalt an Wahrnehmungen aufzunehmen und gedanklich einzuordnen, brauchen Kinder Zeit – viel Zeit! Sie dient Kindern dazu, Wahrnehmungsreize zulassen zu können und mit ihren bisherigen Erfahrungen zu vernetzen, was vielleicht schon bekannt oder was neu ist, was anders sein könnte als die Informationen, die schon im Hirn abgespeichert sind, und was es an spannenden Hinweisen gibt, die zu neuen Gedankengängen führen könnten. Zeit will erlebt und genossen werden.
Demgegenüber haben Kinder leider immer häufiger den Eindruck, dass sie sich – bildlich betrachtet – auf einer Schnellstraße befinden. Da heißt es beispielsweise: »Komm endlich weiter!«, »Wie lange willst du denn noch hier stehen?«, »Hast du nicht schon genügend Zeit gehabt?«, »Ja glaubst du denn, wir hätten alle Zeit dieser Welt für uns alleine?«, »Trödel nicht so rum und beeile dich lieber.«
Erwachsene haben offensichtlich andere Ziele als Kinder. Erwachsene sind immer wieder auf Ziele orientiert, die in der Zukunft liegen, Kinder leiten dagegen ihre Ziele aus den gegenwärtigen Beobachtungen und Entdeckungen ab. Was in diesem Zusammenhang besonders wichtig ist, ist die entwicklungspsychologische Erkenntnis, dass durch das Zeiterleben Kinder die Möglichkeit haben, sich selbst und ihre

Welt ausgiebig wahrzunehmen. Und Wahrnehmung ist die grundlegende Fähigkeit für alle Planungsvorhaben. Das heißt, wenn Kindern immer weniger Wahrnehmungszeit zuerkannt wird, nimmt man ihnen auch die Chance, Dinge und Aufgabenstellungen in ihrer ganzen Vielfalt zu sehen und letztlich auch zu verarbeiten. Ständig angerissene und nicht zu Ende gebrachte Wahrnehmungen lassen im Gehirn der Kinder sogenannte »Restbilder« stehen und diese sorgen wiederum für eine eingeschränkte Wahrnehmung bei den nächsten Reizangeboten.
Es ist schon eigenartig, wenn man bedenkt, dass auf der einen Seite den Kindern Wahrnehmungszeit vorenthalten und auf der anderen Seite über Konzentrationsauffälligkeiten bei Kindern geklagt wird. Beide Aspekte gehören zusammen und sollten Eltern dazu führen, Kindern weitaus mehr Zeit zuzugestehen, damit sie auch durch zeitintensive Beschäftigungen, aufmerksamkeitsausgerichtete Beobachtungen und zielgerichtete Wahrnehmungen ihre eigenen Entwicklungsressourcen entdecken und stabilisieren können. Dazu brauchen Kinder allerdings Eltern, die weitestgehend für eine eigene Entlastung von Sorgen, Schwierigkeiten oder Problemen sorgen und sich dadurch mit Ausgewogenheit auf das kindliche Zeitbedürfnis einlassen können.
Es stellt sich immer wieder die Frage, warum viele Eltern ihren Kindern so wenig Zeit für Erlebnisse und genussvolle Erfahrungen zugestehen. Vielleicht ist es der eigene Verlust von Fähigkeiten, sich über »kleine Dinge« zu freuen. Vielleicht ist es das Unvermögen vieler Erwachsener, gerade in den Alltag neue Zeiterlebnisse einzubauen – aus Angst heraus, im weiten Feld der Möglichkeiten etwas zu verpassen. Umso mehr sollten wir lernen, der Zeit (und damit der Gegenwart) mehr Aufmerksamkeit zu schenken. So hält die Zeit Erfahrungen bereit, die das Leben reicher machen.

## RUHE (als Grundlage für Wahrnehmungstiefe)

Wenn ein See vom Sturm aufgepeitscht wird, kannst du nicht in die Tiefe schauen und erkennen, was dort lebt.
Erst wenn die Wogen sich glätten, erschließt sich dir ein Geheimnis.
Du erkennst die verborgene Quelle, aus der dieser See lebt.
Wenn Hektik und Betriebsamkeit uns an der Oberfläche festhalten, gewahren wir nicht, was unser Leben wesentlich macht und es von innen her nährt.
Die Stille ist der Weg zur Quelle.

*Japanische Weisheit*

Wer kennt nicht die bekannte Aussage: »In der Ruhe liegt die Kraft.« Kinder erleben statt einer Entwicklungsatmosphäre, die durch Ruhe geprägt ist, eine völlig andere Welt. Unruhe heißt das Merkmal, das in den meisten Fällen ihre Entwicklung begleitet. Angefangen vom Straßenverkehr und der permanenten Beschallung in Einkaufszentren und Geschäften über das in vielen Familien tägliche Fernsehen, CD-Player und iPod, die Geräusche aus den Spielekonsolen, die teilweise permanente Beschallung durch das Autoradio während der Autofahrten, die vielen Stimmen der Kinder im Kindergarten und die entsprechenden Geräusche bis hin zu den visuellen Unruheherden in den Räumen, in denen jeder Quadratzentimeter mit irgendwelchen Gegenständen, Plakaten, Postern, Bildern etc. belegt zu sein scheint. Dazu kommen die häufig sehr lauten Stimmen der Erwachsenen. Es wird sich weniger in Ruhe unterhalten als vielmehr in einer Form zueinander geredet, als ob die Regel gelte, der lauter sprechende Mensch habe das Rederecht auf seiner Seite.

Ruhe entwickelt sich in vielen Familien und außerfamiliären Situationen immer mehr zu einem aussterbenden Begriff. Je greller, bunter und aufmerksamkeitserregender etwas ist, desto größer scheint die Anziehungskraft für Kinder, Jugendliche und Erwachsene zu sein. Selbst wenn Kinder in ihren Kinderzimmern ganz in Ruhe spielen, scheint dies für viele Eltern ein Impuls zu sein, doch einmal »nach dem Rechten zu schauen«, ob dort noch alles in Ordnung ist.

Ruhe beunruhigt – welch eigenartige Verknüpfung gegensätzlicher Begriffe. Denn eigentlich dient die Ruhe der Beruhigung von allzu unruhigen Eindrücken und Erlebnissen. Ruhe hat für viele Menschen etwas Angstauslösendes, ist der Mensch doch gerade in einer umgebungsgeprägten Ruhe damit konfrontiert, sich mit sich selbst zu beschäftigen oder auseinanderzusetzen. Ruhe ist weitgehend frei von Ablenkungen, sodass der Mensch vor allem sich selbst sehen kann. Gedanken kommen hoch, Überlegungen können angestellt werden und Rückblicke bzw. perspektivische Vorhaben fordern zu gedanklichen Aktivitäten auf.

Wenn Jugendliche und Erwachsene Schwierigkeiten haben, Ruhe auszuhalten, kann diese Tatsache durchaus als eine Vermeidungsstrategie gewertet werden, sich selbst zum Thema zu machen. Kinder dagegen, die voller Selbstmotivation ihre eigene Entwicklung voranbringen möchten, suchen und genießen noch die Ruhe. Ja, bei größerer Unruhe halten sie sich einfach die Ohren zu oder verlassen laute Räume, weil sie ihre Gedanken in einer Atmosphäre der Unruhe weder ordnen noch ihnen folgen können.

Ruhe ist in der Entwicklungszeit der Kinder ein ganz wesentlicher Faktor, damit sie beispielsweise bei Problemen Lösungen suchen und finden können oder um selbst gewählte bzw. notwendige Ziele ohne Ablenkungen zu verfolgen. Gleichzeitig dient die Ruhe der Festigung von Entwicklungsprozessen, um etwas »in Ruhe abzuschließen«. Und

schließlich ist Ruhe immer dafür notwendig, um sich mit hoher Konzentration auf bestimmte Aufgaben einlassen zu können.
Es gibt in der Pädagogik die alte Weisheit: »Weniger ist mehr!« Und genau das ist es, was Ruhe ausmacht. Die Augen brauchen ebenso ihre Ruhepole wie die Ohren, um in der Stille die notwendige Konzentrationsfähigkeit für die wesentlichen Dinge des Lebens aufzubringen. Erst in der Ruhe ist es möglich, Wahrnehmungsdifferenzierungen vornehmen zu können – nicht nur Bäume zu sehen, sondern die unterschiedlichen Baumarten zu erkennen, nicht nur Blumen zu bemerken, sondern die Blumenart zu sehen, den Aufbau einer Blüte zu entdecken und ihren Duft zu genießen. Auch viele Insekten haben einen wundervollen Körperbau und der Ausruf »Da sitzt eine Wespe« lässt viele Menschen überhaupt nicht mehr unterscheiden, ob es nicht vielleicht eine Schwebfliege ist, die nur wespenähnlich aussieht und gar nicht stechen kann. Und selbst eine Wespe ist kein »Ungeheuer« – nachdem sie vielleicht etwas vom Marmeladenbrot gekostet hat, erhebt sie sich und fliegt davon. (Dass sie dann ihre »Kumpels« holt, ist ein weitverbreitetes Märchen.)
Ruhe schafft die Voraussetzung, sich mit Einzelheiten, Besonderheiten, Kleinigkeiten auseinanderzusetzen und eröffnet immer wieder neue Erkenntniswelten, lässt Fragen aufkommen und nach Antworten suchen. Dazu brauchen Kinder Erwachsene, die Belastbarkeit besitzen und weitestgehend frei von Vorurteilen (Alltagstheorien) sind sowie die gesamte Pädagogik als einen Entwicklungsprozess von Kindern betrachten, in dem das Kind die Möglichkeit erhalten muss, die Ruhe zu genießen, in Ruhe zu spielen, in Ruhe Dinge ausprobieren zu können, Fehler zu machen und aus Fehlern zu lernen.

## LIEBE (als Grundlage zur Selbstannahme und Empathie)

**Pflicht in Liebe ausgeübt macht beständig,**
**Verantwortung in Liebe ausgeübt macht fürsorglich.**
**Gerechtigkeit in Liebe ausgeübt macht zuverlässig,**
**Erziehung in Liebe ausgeübt macht geduldig.**
**Klugheit in Liebe ausgefüllt macht verständnisvoll,**
**Freundlichkeit in Liebe ausgeübt macht gütig.**
**Ordnung in Liebe ausgeübt macht großzügig,**
**Sachkenntnis in Liebe ausgeübt macht vertrauenswürdig.**
**Macht in Liebe ausgeübt macht hilfsbereit,**
**Ehre in Liebe ausgeübt macht bescheiden.**
**Besitz in Liebe ausgeübt macht freigiebig und**
**Glaube in Liebe ausgeübt macht friedfertig.**
**Ein Leben mit Liebe bringt Erfüllung.**
*A. Lassen*

Der Begriff »Liebe« taucht in den meisten Pädagogik- und Psychologiebüchern so gut wie gar nicht mehr auf. Stattdessen wird von »Bindungsannahme« oder »emotionaler Nähe«, einer »engen Beziehungsnähe« oder »Bindungsemotion« gesprochen. An dieser Stelle soll aber ganz bewusst der Begriff »Liebe« genutzt werden.
Liebe zu erfahren heißt zunächst nichts anderes, als sich zutiefst verstanden zu fühlen, getragen von der Gewissheit, dass eine liebende Person mit größter Zuverlässigkeit immer dann da ist, wenn man diese Person braucht. Liebe ist geprägt durch eine tiefe, persönliche Annahme und das vorherrschende Gefühl, diesem Menschen alles anvertrauen zu können und sich selbst dessen sicher zu sein, dass diese Person gut mit allen Informationen umgeht und dass man weder der Lächerlichkeit noch irgendwelchen anderen bewertenden Situationen ausgesetzt sein wird. »Lieben«, so

beschreibt es Manfred Berger, »drückt sich in einem intensiven, mühevollen Hinsehen aus, verlangt keine Gegenliebe, heißt auch verzeihen zu können, bedeutet Hoffen, immer neue Chancen geben; heißt einem physisch wie psychisch nahe zu sein; bedeutet auch die eigene Kindheit zulassen; heißt frei sein von Vorurteilen, heißt Toleranz üben.« (Berger 1990, S. 8 ff.) Tzvetan Todorov, ein Anthropologe, bezeichnet das Grundbedürfnis nach Liebe und Wertschätzung sogar als »Sauerstoff der Seele« (*GEO*, H. 3/2004).

**Die Liebe ist langmütig und freundlich. Sie kennt keinen Neid, keine Selbstsucht. Sie prahlt nicht und ist nicht überheblich. Liebe ist weder verletzend noch auf sich selbst bedacht, weder reizbar noch nachtragend. Sie freut sich nicht am Unrecht, sondern freut sich, wenn die Wahrheit siegt. Die Liebe erträgt alles, sie glaubt alles, sie hofft alles und hält allem stand.**

*1. Korintherbrief 13*

Für Kinder ist das Gefühl, geliebt zu werden, außerordentlich bedeutsam, weil ein Kind damit ganz viele und gleichzeitig feste Vorstellungen verbindet. So haben Kinder im Alter von vier bis sechs Jahren auf meine Frage, was für sie das Gefühl bedeutet, von den Eltern geliebt zu werden, unter anderem folgende Antworten gegeben:

- Tjorben (5): »Wenn Papa mit mir spielt und ganz viel Zeit für mich hat, dann hat er mich richtig lieb – und ich ihn auch.«
- Kathleen (4): »Wenn ich ins Bett von Mama und Papa darf und wir kuscheln zusammen, dann haben die mich bestimmt lieb.«
- Luca (5): »Wenn mein Papa mit mir angeln geht und wir

beide den ganzen Tag Fische fangen, dann hab ich ihn lieb.«

- Fenja (4): »Wenn ich traurig bin, dann kann ich meinem Papa und meiner Mama alles erzählen. Und die trösten mich dann – und schwupp, ist meine Traurigkeit weg. Das tut mir immer richtig gut.«
- Jacob (6): »Wenn ich mal in der Schule nicht gut aufpasse und die Lehrerin bei uns zu Hause anruft, dann schimpfen meine Eltern nur ganz wenig mit mir. Dann hab ich gar keine Angst.«
- Emma (5): »Natürlich mache ich auch mal was zu Hause kaputt. Und Mama und Papa schreien dann gar nicht rum. Die haben mich einfach lieb.«
- Jonas (4): »Ich habe zu Hause in unserem Garten ein eigenes Beet. Und die Blumenzwiebeln hat mir die Mama gekauft. Das ist doch echt lieb.«
- Lea (6): »Wir haben einen kleinen Bruder dazubekommen. Auch wenn der viel Arbeit macht – mit dem ganzen Wickeln und Füttern und so –, lesen mir Mama oder Papa abends trotzdem immer noch eine Geschichte an meinem Bett vor. Eigentlich müssten die müde sein. Ich weiß, dass die mich eben auch lieb haben.«
- Felix (5): »Ich durfte meine neuen Möbel fürs Kinderzimmer mit aussuchen. Wenn meine Eltern mich nicht lieb hätten, dann müsste ich doch immer noch mit den doofen Möbeln zusammenleben.«
- Sarah (4): »Na hör mal, wenn meine Mama mich immer ganz pünktlich vom Kindergarten abholt, dann hat sie mich doch lieb. Sonst würde die mich doch vergessen und ich müsste sehen, wie ich alleine nach Hause komme.«
- Alexander (6): »Ich fahre doch immer mit meinen Eltern in den Urlaub. Und wenn die mich nicht lieb hätten, könnte ich zu Hause bleiben. Meine Eltern sind eben nicht so böse wie andere Große.«

- Larissa (5): »Meine Mama hat mich lieb. Das weiß ich ganz genau. Und das brauch ich dir auch nicht zu sagen, warum. Meine Mama und ich, wir wissen das aber. So, und jetzt kannst du ja mal überlegen, was das sein könnte.«

Bei der Fülle von Antworten gab es auch Kinderäußerungen, die den Verlust von Liebe deutlich machten. Aus den negativ geprägten Aussagen können gleichwohl Rückschlüsse daraus gezogen werden, was Kinder mit dem Begriff »Liebe« verbinden und in ihrer Situation vermissen. Beispielsweise:

- Antonia (5): »Meine Eltern haben mich bestimmt nicht lieb. Nie haben die Zeit für mich, und außerdem bin ich denen zu laut. Dann schicken die mich in mein Kinderzimmer, wo ich alleine spielen soll.«
- Leon (5) »Na ja, ich habe keine lieben Eltern. Die bauen nur am Haus und wenn ich was will, dann sagen die immer: ›Stör uns jetzt nicht.‹ Das geht schon ganz lange so. Ich bin echt traurig.«
- Ann-Christin (6): »Immer sagen meine Eltern: Wenn du das und das tust, dann bist du lieb. Ich mach das aber oft anders. Und dann haben sie mich gar nicht lieb.«
- Maximilian (4): »Meine Eltern wollen immer, dass ich schon schreiben und rechnen soll. Sonst spielen sie mit mir nicht. Das ist doch doof. Ich will das ja, aber das klappt nicht. Dann schimpfen die und sagen: ›Streng dich mehr an.‹ Liebe Eltern tun das nicht, oder?«
- Benno (5): »Mein Papa schreit zu Hause immer rum. Und dabei kriegt er einen roten Kopf. Da wackelt fast das ganze Haus, so laut ist der. Mama hält sich die Ohren zu. Wir gehen dann immer aus der Küche raus. Papa hat meine Mama und mich nicht lieb. Sonst würde er nicht so brüllen.«

## VERTRAUEN (als Grundlage für die eigene Personstärke)

»Kannst du einen Stern berühren?«, fragte man es.
»Ja«, sagte das Kind, neigte sich und berührte die Erde.
*Hugo von Hofmannsthal*

Kinder wollen etwas leisten und sie wollen ihr ganzes Können ständig unter Beweis stellen. Insofern bieten sie Erwachsenen – gerade in jüngeren Jahren – immer wieder ihre Hilfe an. Ob es darum geht, beim Tischdecken zu helfen, beim Staubsaugen mitzuwirken, beim Umgraben des Gartens mitzuhelfen, den Rasenmäher zu schieben, das Kaminholz ins Haus zu tragen, beim Einkauf den Einkaufswagen zu schieben, die Autotür zu öffnen, beim Kuchenbacken den Teig zu kneten oder auszurollen, beim Plätzchenbacken die Formen auszustechen, beim Ausräumen der Waschmaschine die Trommel zu leeren, beim Hausflurwischen den Boden zu schrubben oder beim Tapezieren den Kleister auf die Tapeten zu streichen: Immer ist es der Wunsch der Kinder, auch schon »groß zu sein« und ihre Stärken – für alle sichtbar – unter Beweis zu stellen.
Demgegenüber werden Kinder aber in ihren Aktivitätswünschen häufig durch ihre Eltern (und auch viele ErzieherInnen im Kindergarten) ausgebremst. »Dafür bist du noch zu klein«, »Das schaffst du noch nicht« oder »Warte noch ein Weilchen, bis du größer bist« – solche Äußerungen wirken auf Kinder wie ein Schlag ins Gesicht. Warum, so muss die Frage lauten, schaffen es viele Erwachsene nicht oder nur unter größten Bedenken, die Kinder mit ins Boot zu holen und aktiv mitwirken zu lassen? Die Gründe sind schnell ausgemacht: weil Erwachsene

- vielen Kindern – entsprechend ihren jungen Jahren und aufgrund ihrer fehlenden Erfahrungen – nicht zutrauen, die anstehenden Anforderungen schon erfüllen zu können;
- sich von folgender Annahme leiten lassen: »Wenn ich die Arbeit selbst erledige, werde ich letztlich schneller damit fertig sein«;
- in folgendem Denkmuster verhaftet sind: »Wenn ich jetzt die Arbeit selbstständig abschließe, wird sie sorgfältiger erledigt als unter einer Mithilfe der Kinder«;
- vor allem die Gefahren sehen, die mit der Aufgabenstellung verbunden sind (so könnte sich das Kind beim Salatschneiden verletzen, beim Ausräumen der Waschmaschine fallen, beim Umgraben den Spaten in den Fuß schlagen, beim Rasenmäher das Elektrokabel durchtrennen, beim Autoaufschließen den Lack zerkratzen, beim Kleistern der Tapeten den Kleistereimer umwerfen, beim Staubsaugen irgendwelche Gegenstände umwerfen, beim Tischdecken etwas fallen lassen ...).

Es ist das tief verwurzelte Misstrauen vieler Erwachsener, Kinder von alltäglichen Möglichkeiten der Mithilfe auszuschließen. So sehen Erwachsene außerdem eher das Ergebnis, das möglichst »perfekt« erzielt werden soll, und damit die eigenen, handlungsbestimmenden Richtlinien und Ziele. Betrachtet man diese Hintergründe genauer, so entpuppen sich die Erwachsenenargumente im Prinzip als egoistische Ausgangswerte.
Doch Kinder, die mit einem Misstrauen und einer Schonhaltung aufwachsen, können sich selbst und ihrem Umfeld nicht ihre Stärken demonstrieren. Das bewirkt zwei Folgen. Zum einen gibt es Kinder, die daraufhin ein Selbstbild aufbauen, das durch Zurückhaltung, Ängstlichkeit und Resignation geprägt ist. Eine solche Selbsteinschätzung lässt

Kinder mit der Zeit immer weniger Zutrauen zu sich selbst entwickeln. Zum anderen kann es aber auch sein, dass manche Kinder (und hier sind es vor allem Jungen) in einer Art Übersprungshandlung alles unternehmen, ohne dabei auch nur im entferntesten Sinne an mögliche Gefahren zu denken. So klettern sie auf die höchsten Bäume, springen aus großen Höhen, laufen ohne Seitenblicke über verkehrsbefahrene Straßen oder unternehmen andere Handlungen, um sich endlich einmal selbst als stark, kompetent und aktiv zu erleben.

Wenn Kinder Vertrauen erfahren und Erwachsene ihnen Stärken zutrauen, dann leiten Kinder für sich so etwas wie *Stolz* ab, und es hat sich in unterschiedlichen Studien gezeigt, dass solche Kinder auch in ihrer Zukunft eine weitaus höhere Leistungsbereitschaft zeigen als Kinder, die mit Misstrauen oder Überbehütung aufgewachsen sind. Vertrauen erleben heißt daher, dass Kinder ihren eigenen Wert praktisch erleben, was wiederum die Selbstständigkeit und Unabhängigkeit der Kinder fördert.

Kinder brauchen daher Erwachsene, die trotz der Unterschiedlichkeit an Erfahrungen und »Lebensweisheiten« den Kindern das Gefühl einer Gleichwertigkeit vermitteln und die vor allem ihre eigenen, häufig sehr festgefahrenen Wunschvorstellungen mit den Entwicklungsbedüfnissen der Kinder abgleichen. Sie brauchen Erwachsene, die ihren Perfektionismus einmal beiseitestellen und sich stattdessen viel mehr über die strahlenden Kinderaugen freuen.

## VERSTÄNDNIS (als Grundlage zur Selbst- und Weltöffnung)

**Eine Annäherung an die Welt des Kindes erfordert Empathie, die Wertschätzung der Wahrnehmung und Gefühle der Kinder und ein Interesse daran, die Sicht der Kinder auf ihre Welt zu verstehen.**
***Friederike Heinzel***

Wenn man die Welten der Kinder und die der Erwachsenen vergleicht, dann fallen dem aufmerksamen Betrachter sehr schnell deutliche Unterschiede auf. Kinder wollen auf eine wilde, ungestüme Entdeckungsreise gehen – viele Erwachsene haben eher den Wunsch, bekannte Wege einzuhalten. Kinder können ihre Spielzeiten, alleine oder mit ihren Freunden, endlos lange genießen – Erwachsene gestalten ihre Vorhaben eher effizient, entsprechend kurz und möglichst schnell zum Ende kommend. Kinder können herzlich lachen, sich dabei auf dem Boden kugeln und vor Freude tanzen – Erwachsene drücken ihre Freude eher »gebremster und kultivierter« aus. Kinder können herrlich albern sein und neue Wortschöpfungen zu Reimen gestalten, die an Fantasie kaum zu toppen sind – Erwachsene sind eher ernst, durch Vernunft geprägt und nur in passenden Situationen »zum Scherzen aufgelegt«. Für Kinder ist das Spiel ihre wichtigste Erlebnisform – Erwachsene trennen das Spiel von der Arbeit ab und sehen die kindlichen Spielformen häufig geringschätzig im Rahmen einer notgedrungenen »Spielerei«. Kinder können noch über längere Zeit »über Gott und die Welt« philosophieren – Erwachsene hingegen suchen bei Fragen kurze, eindeutige, schnelle Antworten. Kinder sind in der Lage, Zeit verstreichen zu lassen, etwa wenn sie im Sommer auf der Wiese liegen und sich bei den vorbeiziehenden Wolkenbildern überlegen, welche Formen

oder Gegenstände diese Wolkenbilder besitzen – Erwachsene »nutzen« ihre Zeiten mit »sinnvollen Überlegungen«, etwa über berufliche Fragen oder persönliche Angelegenheiten.
Diese wenigen Beispiele mögen genügen, um deutlich zu machen, dass Kinder und Erwachsene im Prinzip in zwei unterschiedlichen Welten leben. Dabei steht die Kinderwelt des Fühlens und des gegenwärtigen Erlebens der Erwachsenenwelt von Vernunft und Zukunftsorientierung gegenüber. Aus diesem Grunde können sich viele Erwachsene immer schwerer – und manche gar nicht mehr – in das kindliche Fühlen, Denken und Handeln hineinversetzen. Diese Fähigkeit ist aber aus Sicht der Entwicklungspädagogik eine unersetzliche Erwachsenenkompetenz, um Kindern zu einer stabilen Sicherheit zu verhelfen.
Verständnis haben heißt: Verstehen können, wozu ein Kind dieses oder jenes macht, worin der Zweck seines Verhaltens besteht und durch was es motiviert wird, sich in entsprechender Weise zu verhalten. Es sei in diesem Zusammenhang daran erinnert, dass die sechs Ausdrucksformen der Kinder (Verhalten, Sprache, Motorik, Malen und Zeichnen, Spiel, Träume) ihre besonderen Erzähl- bzw. Bedeutungswerte haben. Kinder, die sich verstanden fühlen, bauen die Fähigkeit auf, sich immer wieder selbst zu betrachten und dabei den Fragen nachzugehen, wo die eigenen Stärken, aber auch die eigenen Schwächen liegen, wie Schwächen zu verändern sind, wo vielleicht noch ungenutzte Talente brachliegen oder wo bisherige Selbsteinschätzungen vielleicht falsch gewesen sind. Diese Kontaktaufnahme zu sich und eine damit verbundene Öffnung zur Welt offenbart ein starkes Interesse an (s)einer eigenen Entwicklung – und dies ist eine Voraussetzung, um Entwicklungsstagnationen (= Verhaltensstarrheiten) zu vermeiden.

Dazu brauchen Kinder Erwachsene, die sich mit ihrer eigenen Biografie auseinandergesetzt haben, um zu verstehen, wie sie selbst in ihrer eigenen Kindheit waren und welche Hintergründe es dafür offensichtlich gab, wie ihre eigene Entwicklung verlaufen ist und wer bzw. wie sie heute sind. Kinder brauchen aber auch Erwachsene, die sich mit Interesse und Neugierde an die Aufgabe heranwagen, die Bedeutungs-/Erzählwerte von kindeigenen Ausdrucksformen zu verstehen. Das kann durch die Auseinandersetzung mit entsprechender Fachliteratur ebenso geschehen wie in Form von Elterndiskussionen, durch den Besuch von entsprechenden Kursen an örtlichen Familienbildungsstätten oder Volkshochschulen bzw. Elternseminaren, die verstärkt von Familienzentren oder Kindertagesstätten angeboten werden.

## SICHERHEIT (als Grundlage für eine Selbstentwicklung)

**Das wichtigste Haus baut sich der Mensch in seiner Seele. Und es ist ein Haus, das nicht im Feuer verbrennt und nicht im Wasser untergeht. Dauerhafter ist es als alle Ziegelsteine und Diamanten.**
*Fjodor Abramov*

»Sicherheit ist die Grundlage für die gesamte Entwicklung des Menschen« – dieser Satz ist in nahezu jedem entwicklungspsychologischen Grundlagenwerk zu lesen und lenkt damit zu Recht den Blickwinkel der Erwachsenen auf die Frage, was zu einem grundlegenden Sicherheitsgefühl bei Kindern beiträgt. Schnell kommt man auf außergewöhnlich viele Beispiele: Sicherheit kann nur dort von Kindern empfunden werden, wo

- Eltern als absolut zuverlässig erlebt werden – beispielsweise wenn es darum geht, dass Kinder zu einem bestimmten Zeitpunkt (wie abgesprochen) auch tatsächlich abgeholt oder hingebracht werden. Nichts ist für manche Kinder schlimmer zu ertragen als eine Situation der Ungewissheit, ob Eltern – so das subjektive Empfinden mancher Kinder – vielleicht gar nicht mehr kommen. Solche Ungewissheiten lassen ein Gefühlsempfinden wie Einsamkeit und Verlassenheit aufkommen;
- Eltern ihnen ihre Liebe auch dann schenken, wenn bestimmte Leistungen (zum Beispiel in der Schule) nicht wie erwartet, sondern schlechter ausgefallen sind. Wenn immer mehr Kinder den Eindruck gewinnen, »meine Eltern haben mich nur dann besonders lieb, wenn ich gute Leistungsergebnisse vorlegen kann«, dann verunsichert das Kinder in starkem Maße, bleibt für sie doch stets die Frage im Vordergrund stehen, mit welchem Leistungsergebnis sie in Zukunft nach Hause kommen werden;
- Eltern ihre Kinder als eine wirkliche Lebensbereicherung erleben und ihnen das auch des Öfteren mitteilen;
- Eltern den Kindern gerade in besonders schwierigen Situationen das Gefühl vermitteln: »Ich bin/wir sind auf deiner Seite – egal, was passiert! Du kannst mit mir/uns rechnen, dass wir gemeinsam für alles eine Lösung finden«;
- Eltern ihre eigenen Partnerschaftsschwierigkeiten nicht auf dem Rücken ihrer Kinder austragen, sondern sehr wohl die eigene Fähigkeit besitzen, auch bei Ehekonflikten oder Trennungen usw. zwischen ihrer Partner- und Elternrolle sehr deutlich differenzieren zu können;
- beide Elternteile ihre gemeinsame Pädagogik miteinander abstimmen – nichts mag für Kinder irritierender sein, als wenn Vater und Mutter oder auch die Eltern und Großeltern unterschiedliche Erziehungsziele verfolgen

bzw. ein widersprüchliches Erziehungsverhalten an den Tag legen;

- Eltern eher leise mit ihren Kindern sprechen und für ein möglichst häufig entspanntes Erziehungsklima sorgen – ein gereiztes Sprach- und Kommunikationsklima verunsichert vor allem kleinere Kinder und führt zu häufigem Weinen bis hin zu aggressiven Ausdrucksformen;
- Eltern ganz bestimmte Rituale im Alltag pflegen. Das kann mit bestimmten Aufweckritualen beginnen, mit Ritualen beim Waschen oder vor dem Essen fortgesetzt werden und mit Ins-Bett-Geh- oder Einschlafritualen enden;
- Eltern keine Vergleiche unter ihren Kindern (oder zu Nachbarskindern) anstellen (etwa mit Äußerungen wie: »Als dein Bruder so alt war wie du, konnte er schon ...«, oder: »Die Vivien von nebenan ist genauso alt wie du, Larissa. Und als Vivien letztens hier bei dir war, hat sie auch ein Bild gemalt. Hast du mal gesehen, wie gut sie schon Menschen malen kann? Mit jeweils fünf Fingern an jeder Hand und alles war völlig richtig. Bei dir weiß man ja gar nicht, ob das überhaupt ein Mensch oder irgendetwas anderes sein soll ...«;
- Eltern immer wieder Zeit dafür einplanen, mit ihren Kindern zu spielen, zu lachen, zu träumen und zu philosophieren;
- Eltern ihren Kindern das Recht zugestehen, Kinder (und damit kindlich) sein zu können, ohne dass ihre Kinder damit schon viel zu früh nur »vernünftige Verhaltensweisen« zeigen sollen;
- Eltern aber auch im Tagesablauf feste, sinnvolle Regeln einführen und Wert darauf legen, dass diese Regeln eingehalten werden. Beispielsweise: ein zweimaliges, längeres Zähneputzen am Tag gehört zur notwendigen Körperhygiene; beim Eintreten in die Wohnung werden die

Schuhe ausgezogen und Hausschuhe angezogen; jedes Mitglied der Familie hat seinem Alter entsprechend ganz bestimmte Gemeinschaftsaufgaben zu erfüllen (Tisch decken/abräumen; Müll entsorgen; Blumen gießen; Spülmaschine ein-/ausräumen); Haustiere werden von demjenigen versorgt und gepflegt, der die Verantwortung für die Tiere hat usw.

- Eltern sich gradlinig verhalten und zu ihren Ansichten und Überzeugungen stehen. Nichts irritiert Kinder stärker, als wenn getroffene Entscheidungen im nächsten Moment schon wieder aufgehoben oder für ungültig erklärt werden;
- Eltern konsequent darauf achten, dass sich Kinder nie einer Lächerlichkeit ausgesetzt fühlen oder mit dem Eindruck einer Bloßstellung konfrontiert werden – solche Formen einer seelischen Verletzung verunsichern manche Kinder ein Leben lang;
- Eltern ihre persönlichen Standpunkte nicht mit Gewalt durchdrücken, sondern mit Ruhe, Gelassenheit und klaren Aussagen deutlich auf den Punkt bringen;
- Eltern die alltäglichen Kinderaussagen wirklich ernst nehmen und bereit sind, sich auf die Ebene der Kinder hinabzubewegen, um auch aus ihrer Sichtweise die entsprechenden Dinge zu betrachten.

Sicherheit ist immer mit Verlässlichkeit verbunden und sorgt in der Entwicklung der Kinder für ein starkes Bedürfnis nach stetiger Selbstentwicklung. Dazu brauchen Kinder Erwachsene, die sorgsam mit ihnen umgehen, die Entwicklungen bei Kindern (in den unterschiedlichen Bereichen) registrieren, sich über die ständigen Entwicklungsfortschritte von Kindern freuen und die immer wieder darüber ihr Erstaunen zum Ausdruck bringen, wozu Kinder schon von klein auf in der Lage sind. Und gleichzeitig sorgen Er-

wachsene, die sichere Kinder um sich haben wollen, dafür, dass Zusagen, Absprachen oder sinnbedeutsame Erwartungen hohen verbindlichen Wert besitzen.
Sichere bzw. unsichere Kinder zeichnen sich ebenfalls durch ganz bestimmte Verhaltensmerkmale aus. So können sichere Kinder beispielsweise relativ problemlos teilen – unsichere Kinder halten dagegen entweder vehement an ihrem »Besitz« fest oder geben die Dinge, die andere von ihnen fordern, aus Angst ohne Widerworte ab. Unsichere Kinder schreien schnell, wenn ihnen bestimmte Dinge nicht gelingen, oder werfen irgendwelche Gegenstände im Zimmer herum, wenn es nicht nach ihrem Willen geht, weil sie keine Belastbarkeit besitzen. Sichere Kinder haben dagegen die Motivation und auch die Belastbarkeit, bei auftretenden Schwierigkeiten an ihren Aufgabenstellungen weiterzuarbeiten, Lösungswege zu überlegen und diese auszuprobieren, auszuwerten oder ggf. neu einzusetzen. Sichere Kinder haben Freude daran, die Dinge der Welt um sich herum ebenso sorgsam zu betrachten wie sich selbst, ihren Entwicklungsmöglichkeiten und ihren (verborgenen) Talenten immer wieder aufs Neue auf die Spur zu kommen und dabei ihre bisherigen Erfahrungen mit den neuen Erlebnissen abzugleichen.
Kinder erleben vor allem dann ein hohes Maß an Sicherheit, wenn ihre Eltern viel Ruhe und Gelassenheit in ihre Pädagogik bringen und immer wieder über die vielfältigen Entwicklungspotenziale ihrer Kinder im Alltag staunen, die Stärken der Kinder sehen und mit ihnen gemeinsam ein erfülltes Kinderleben genießen können.

## BEWEGUNG (als Grundlage für ein selbstgesteuertes Verhalten)

**Bewegung macht beweglich und Beweglichkeit kann manches in Bewegung setzen.**
*Paul Haschek*

Kinder sind vom ersten Augenblick ihres morgendlichen Aufwachens bis zum Schlafengehen am Abend nahezu ausnahmslos in Bewegung. Sie laufen, kriechen, hüpfen und springen, klettern und rollen sich auf dem Boden, schaukeln oder spielen Fangen, verstecken sich und balancieren auf Brettern oder Mauern, tasten nach allem, was sie glauben nutzen zu können, halten Gegenstände fest und lassen sie dann nach einiger Zeit wieder los. Kinder tanzen und drehen sich vor Freude im Kreis, klatschen rhythmisch zu Melodien, stampfen auf den Boden mit ihrer ganzen Körperkraft, tippeln auf den Zehenspitzen oder schlurfen über glatte Böden, schleichen sich langsam und leise an, schaukeln auf einem Stuhl, ziehen sich an Baumästen hoch und lassen sich aus überschaubaren Höhen auf den Boden fallen, kämpfen um Vormachtstellungen, raufen im Spaß miteinander und ziehen sich schließlich müde und erschöpft in ihre selbstgefertigten Höhlen und Buden zurück.
Für Erwachsene bedeutet Bewegung vor allem eines: nämlich von Punkt A zum Punkt B zu kommen, auf möglichst kurzem, direktem Wege, um ein entsprechendes Ziel zu erreichen. Ganz anders sieht es bei Kindern aus. Für sie ist Bewegung mehr: staunen und entdecken, verweilen und betrachten, probieren und erleben, Fragen stellen und vielleicht nach Antworten suchen, genießen und Erfahrung sammeln. Bewegung kann daher auch als eine pausenlose Entdeckungsreise bezeichnet werden, die sich auf die Au-

ßenwelt des Kindes und gleichzeitig auf seine innere Welt bezieht. Die Außenwelt bietet ständig Neues an – Geräusche, Gerüche und visuelle Reize, und in Verbindung mit der kindeigenen Innenwelt kommt es zu gedanklichen Überlegungen beim Kind: Was kann ich damit tun? Wie schwer oder leicht ist das? Wozu kann ich das gerade brauchen und wozu ist das, was ich sehe oder begreife, überhaupt da? Kinder erfahren über die Bewegung ihre Umwelt und sie erfahren gleichzeitig dabei auch immer wieder etwas über sich, über ihre Kräfte, ihren Mut, ihre Risikobereitschaft, ihre Gestaltungsmöglichkeiten, ihre Fantasie und ihre Ausdauer.
Bewegung ist zugleich die Freude am Spiel und damit das Interesse am Lernen! Bewegung schafft auch Bewegung im Kopf und trägt zur Entwicklung der Persönlichkeit bei. So liegen schon seit Jahren entsprechende psychologische Untersuchungsergebnisse vor, die belegen, dass eine aktive Bewegungsorientierung bei Kindern auch deren Selbstbewusstsein, ihr Selbstwertgefühl und ihre Selbstständigkeit steigert. Offensichtlich ist es so, dass Kinder in *bewegten Spielen* oder *bewegenden Erlebnissen* eine Beziehung zu ihrem Selbstbild herstellen (Was kann ich? Was kann ich nicht? Was fällt mir leicht, was fällt mir schwer? Was kann ich ändern, was muss ich unveränderbar akzeptieren?) und dadurch eine intensive Beziehung zu sich selbst aufbauen. Darüber hinaus zeichnet sich ein Selbstwertgefühl gerade durch die Selbstanerkennung der eigenen Leistung aus und ein Selbstwertgefühl entsteht gerade durch den Stolz über erreichte Ziele.
Bewegung und Selbstbildung sind zwei aufs Engste miteinander verbundene Merkmale, die sich sehr förderlich auf die Entwicklung von Kindern auswirken, denn wenn das Kind tatsächlich Hauptakteur für seine eigenen Lernschritte ist, dann kann es selbstverständlich nur über aktive Aneig-

nungserfahrungen in eine ständige Lernauseinandersetzung mit sich und seiner Tätigkeit kommen. In Bewegung sein heißt Entdecker und Forscher zu sein, bedeutet Fehler machen zu müssen. Es heißt nicht, ständigen Belehrungen ausgesetzt zu sein, sondern vielmehr nach bedeutungsvollen Lernerfahrungen zu suchen.

Doch einer der wichtigsten Aspekte der Bewegung wurde bisher noch nicht angesprochen. Dabei geht es um den Stressabbau, der durch Bewegung in unserem Körper initiiert wird. Stress versetzt den Menschen in Unruhe und bewirkt, dass zunächst – in einer »kleinen Dosis« vorhanden – die Aufmerksamkeit auf bestimmte Dinge erhöht wird. Das ist gut so, geraten dadurch nämlich andere, unwesentlichere Dinge in diesem Augenblick in den Hintergrund. Doch wenn das aktuelle Problem, die gegenwärtige Aufgabenstellung bzw. die jetzige Herausforderung nicht gelöst werden kann, wird diese Situation von Menschen als Druckerhöhung erlebt mit der Folge, dass der Stressspiegel ansteigt. Und je höher nun die Stressintensität erlebt wird, desto mehr Unruhe kommt in der Person zum Vorschein, mit der weiteren Auswirkung, dass einerseits die Wahrnehmungsoffenheit immer stärker eingeschränkt wird und andererseits die Selbststeuerung des Menschen nachlässt. Schließlich hat sich der Mensch nicht mehr unter Kontrolle – und handelt entsprechend emotional gesteuert.

In der jüngsten Zeit haben uns unterschiedliche Nachrichten aus Deutschland aufschrecken lassen, bei denen es um Gewalteskalationen gegen ältere und jüngere Mitbürger und auch gegen Kinder ging. Solche Ausdrucksexzesse können und dürfen in einer demokratischen Gesellschaft grundsätzlich nicht hingenommen werden, und umso eindringlicher zeigt sich die Notwendigkeit, dass Bewegung ihren festen Platz in der Pädagogik findet – Bewegung mit dem ganzen Körper (zum Aufbau der Basisfähigkeit »Selbststeuerung durch Stressabbau«) und Bewegung im Kopf (zur Entwicklung einer steuerbaren Selbstdisziplin).

**Bewegung ist das Tor zum Lernen. Lernen mit Gehirn, Herz und dem Körper.**
*Paul E. Dennison*

Wenn Bewegung als Motor für kindliche Entwicklungsfortschritte angesehen werden muss, so verwundert es nicht, dass sie auch im Feld der kognitiven, emotionalen und sozialen Entwicklung zur Wirkung kommt. Erinnert sei an entsprechende Studien, die Jahr für Jahr darauf hinweisen, dass in der aktuellen Kindergeneration immer mehr Kinder immer weniger Körper- und Bewegungserfahrungen machen, weil sie stattdessen lieber ihre Freizeit mit Computerspielen, TV-Konsum oder anderen reaktiven Tätigkeiten verbringen. Das hat nicht nur zur Folge, dass es durch diesen Bewegungsmangel immer mehr übergewichtige Kinder gibt (mit Rückenschmerzen und Haltungsschäden), sondern in weiteren Entwicklungsfolgen soziale Ausgrenzungen zunehmen, immer stärkere Schwierigkeiten in der emotionalen Entwicklung wie Unsicherheiten, Ängste und Hemmungen auftreten, verzögerte Sprach- und Sprechentwicklungen ebenso festzustellen sind wie Schwierigkeiten beim Lesen, Schreiben und Rechnen und alles zusammen in bestimmten Verhaltensirritationen münden kann (Hyperaktivität, Clownerien, Aggressivität ...).
Um alldem gezielt entgegenzuwirken, brauchen Kinder Erwachsene, die selbst ein hohes Maß an alltäglicher Bewegungsfreude besitzen und diese regelmäßig ausdrücken, die darüber hinaus gerne handwerklich tätig sind und vielfältige Selbstaktivitäten einer passiven Konsumorientierung bewusst vorziehen.

## INTIMITÄT UND GEHEIMNISSE (als Grundlage für ein Gleichgewicht von Distanz und Nähe)

In deinem Alter, mein Kind, ist es noch möglich zu glauben,
man könne fliegen wie laufen lernen.
Ich werde mich hüten, dich eines Besseren zu belehren.
Vielleicht bin ich es doch, der sich irrt.
*Originalquelle unbekannt*

Wer kennt sie nicht – die Fragen, mit denen unsere Eltern uns immer wieder gelöchert haben oder mit denen wir die eigenen Kinder immer wieder konfrontieren:

- Und wir war es denn heute in der Schule? Habt ihr eine Klassenarbeit geschrieben? In welchem Fach, und wie hat es geklappt? Hast du die Aufgabenstellung auch wirklich gut verstanden? Warst du auf die Arbeit vorbereitet und wann hast du eigentlich dafür gelernt? Meinst du, dass wir dieses Mal mit einer besseren Note als beim letzten Mal rechnen können? Wann werdet ihr die Arbeit wiederbekommen? Bist du auch schon so auf das Ergebnis gespannt wie wir? ...
- Was gab es denn heute im Kindergarten für Höhepunkte? Seid ihr nur im Kindergarten geblieben oder wart ihr auch draußen? Habt ihr was gebastelt und wieso hast du das denn nicht mit nach Hause gebracht? Mit wem hast du heute überwiegend gespielt? Habt ihr wieder ein neues Lied gelernt und hast du auch dein Frühstück aufgegessen? Sollt ihr für morgen irgendetwas Besonderes in den Kindergarten mitbringen – letzte Woche Donnerstag war es doch auch so, dass ihr am Freitag Euren Experimentiertag hattet, oder? Und wann steht eigentlich der nächste Waldtag auf dem Programm? Geht ihr eigentlich

auch bei jedem Wetter in den Wald? Wer soll dann die völlig verdreckten Sachen waschen? ...

Wenn man sich die Kommunikation zwischen Erwachsenen und Kindern genauer anschaut, fällt auf, dass vieles in der Sprache über Fragestellungen abläuft, wobei die Eltern die Fragesteller und die Kinder die Antwortgeber sind. Diese Kommunikationsform erinnert an das sogenannte Fragealter von Kindern – allerdings in umgekehrter Polarität. Es scheint so, dass viele Eltern alles über den Tagesablauf der Kinder wissen wollen und Sorge haben, dass ihnen irgendwelche Informationen vorenthalten werden könnten.
Spielt das Kind in seinem Zimmer und es ist sehr laut, rufen die Eltern: »Was ist denn da los? Geht es nicht leiser oder muss ich nach dem Rechten sehen?« Spielt das Kind in seinem Zimmer und es ist nichts zu hören, könnte es passieren, dass die Eltern leise an die Tür treten, horchen, die Tür öffnen und dann zum Kind sagen: »Das ist bei dir so leise, dass wir schon dachten, da sei was passiert. Was machst du denn und wieso hört man nichts?«
Es gibt in der Pädagogik folgenden bekannten Satz: »Wer nach allen Seiten offen ist, der kann nicht ganz dicht sein.« Damit ist nichts anderes gemeint, als dass es für den Menschen zwei eigenständige, gleichberechtigte Welten geben muss: eine öffentliche und eine private Zone – und beide haben ihre Bedeutung. Jeder Mensch muss die Möglichkeit besitzen, immer wieder abwägen zu können, ob bestimmte Gedanken, Gefühle, Erlebnisse, Erfahrungen oder gewonnene Eindrücke für die »Öffentlichkeit« (Freunde, Eltern usw.) bestimmt sind oder ob sie lieber der Öffentlichkeit vorenthalten und nicht ausgeplaudert werden sollten.
Jeder Mensch hat das Recht auf Intimität und Geheimnisse – und auch eine damit verbundene Pflicht, diese Wahlmöglichkeit zu nutzen. Wer regt sich nicht über völlig distanzlose

»Selbstoffenbarungen« unterschiedlicher Gäste in sogenannten »Talkshows« der privaten TV-Sender auf und wer fragt sich nicht, wen das wohl interessiere? Doch offensichtlich scheint der »Informationsbedarf« in der Bevölkerung größer als vermutet, schaut man sich beispielsweise die entsprechende Einschaltquote dieser Sendereihen an.
Kinder brauchen vielfältige Erfahrungsmöglichkeiten, um für sich eindeutige Zuordnungen vornehmen zu können – entsprechend folgenden Regelungen:

1. Ich habe als Kind das Recht, dass mir die Erwachsenenwelt einen Privatraum zugesteht. So kann es beispielsweise Geheimniskisten (eigene Schubladen) zu Hause oder im Kindergarten geben, in denen ich als Kind meine Schätze aufbewahre und ich mir sicher sein kann, dass Erwachsene dort nicht kontrollieren.
2. Ich habe als Kind das Recht, ein Tagebuch zu schreiben, und darf erwarten, dass kein Erwachsener oder eine andere Person unberechtigterweise in meine Aufzeichnungen schaut.
3. Ich habe als Kind das Recht, eine intimitätsachtende Pädagogik zu erfahren. So gehört mein Bett mir allein und kein Mensch hat das Recht, ohne meine Einwilligung in mein Bett zu kommen. Kein Mensch hat darüber hinaus das Recht, mich an intimen Körperstellen anzufassen, mich ungefragt zu streicheln oder zu küssen, und es versteht sich darüber hinaus von selbst, dass auch der Aufenthalt im Badezimmer oder auf der Toilette ungestört verlaufen kann.

Wenn Kindern Intimität und Geheimnisse zugestanden werden, dann lernen sie in guter Art und Weise den Unterschied von Nähe und Distanz kennen. Intimität besitzen und Geheimnisse haben dürfen heißt, den eigenen, unver-

wechselbaren persönlichen Individualwert für sich selbst erleben zu können. Das stärkt den Selbstwert und das Selbstbewusstsein. Distanzlosigkeit oder permanente Distanzierungen sind demgegenüber die Folgen eines verletzten bzw. missachteten Intimitätswunsches.
Kinder brauchen Erwachsene, die ihnen vertrauen, die den Kindern mit Wertschätzung entgegenkommen, die auch manche Uneindeutigkeiten stehen lassen können und die vor allem auch Kindern Persönlichkeitsrechte zugestehen.

## MITSPRACHE (als Grundlage für ein tiefes Wertigkeitsempfinden)

Ich möchte es lernen:
Ich möchte es lernen, dir Halt zu geben, dich aber nicht zu zwingen;
dir Stütze sein, dich aber nicht hemmen;
dir Hilfe sein, dich aber nicht abhängig machen;
dir nahe sein, dich aber nicht einengen;
dir Raum geben, dich aber nicht ängstigen;
dir Geborgenheit geben, dich aber nicht festhalten.
Ich möchte lernen, für dich da zu sein.
Nur so kannst du wachsen, wirklich wachsen.
Wie ich auch.
*Max Feigenwinter*

Es gibt eine lange Tradition in der deutschen Pädagogik, die sich allerdings mit den aktuellen Erkenntnissen aus der Entwicklungspsychologie, der Neurobiologie, der Verhaltenspsychologie und der Verhaltensbiologie nicht verträgt: Erwachsene haben stets *für* Kinder gedacht, *für* Kinder geplant oder *für* Kinder gehandelt. Allzu lange herrschte folgendes

Bild vom Kind vor: Es sei ein unterentwickeltes Wesen, mit einer passiven Aufnahmekapazität ausgestattet und mit einer zunächst begrenzten Handlungskompetenz versehen. Dieses »Bild vom Kind« hat sich als fachlich unhaltbar herausgestellt. Doch so wie die Vorstellung in den Köpfen der Erwachsenen ihren festen Platz eingenommen hatte, so wurden logischerweise auch die pädagogischen Strukturen im Alltag der Kinder entsprechend eng gesetzt und die Umgangsformen danach ausgerichtet. Bis heute werden »vorbereitete Umgebungen« in der Pädagogik arrangiert, damit sich das Kind möglichst mit den entsprechend zur Verfügung gestellten Materialien beschäftigt.
Nicht nur in der elterlichen Pädagogik wurde so gedacht und gehandelt. Bis heute strukturieren »Pädagogen« hierzulande sowohl in der Kleinkind- als auch in der Schulkindpädagogik den Tagesablauf: Erwachsene legen die Arbeitsschwerpunkte (zumeist alleine) fest, Erwachsene bestimmen den pädagogischen Arbeitsansatz (anstatt ihn aus der Lebenssituation von Kindern abzuleiten), Erwachsene legen den Tagesaufbau mit ihren Zeiten und Schwerpunkten fest (wann die Freispielzeit gewährt wird, wann die Frühstückszeit ansteht, ob ein freies oder zeitgebundenes Frühstück stattfindet, wann das Mittagessen eingenommen wird, ob und wann eine Schlafzeit für Kinder einberaumt ist, wann und ob bestimmte Tätigkeiten und Projektanteile innerhalb der Einrichtung oder draußen stattfinden, ob es feste oder offene Gruppen in der Einrichtung gibt, ob Kinder etwas in Einzelarbeit oder in kleineren Arbeitsgruppen erledigen ...). Natürlich kann und wird es nicht ausbleiben, dass es in einer solch gestalteten Pädagogik immer wieder zu Situationen kommen wird, wo geplante Vorhaben mit den aktuellen Interessen der Kinder kollidieren. Dadurch ist stets ein gewisser Ärger vorprogrammiert. Es kann, ja es muss davon ausgegangen werden, dass unter diesem Blickwinkel be-

trachtet deckungsungleiche Ausgangssituationen von Erwachsenen und Kindern viele Frustrationserlebnisse nach sich ziehen, die bei einer Mitsprache der Kinder minimiert werden könnten.

Wenn Kinder dagegen ein Mitspracherecht haben, empfinden sie dieses Privileg als besondere Wertschätzung ihrer Person! Sie gewinnen dadurch zu Recht den Eindruck, dass sie einen eigenständigen *Wert* besitzen. Dies wiederum ist ausschlaggebend für die Entwicklung eines Selbstwertgefühls.

Selbstverständlich muss an dieser Stelle darauf hingewiesen werden, dass Mitsprache und Bestimmung zwei völlig unterschiedliche Begriffe sind!

Mitsprache bedeutet,

- Kinder an Gesprächen zu beteiligen;
- den ehrlichen Wunsch an Kinder zu richten, ihre Meinung kundzutun;
- Kindern die Möglichkeit zu geben, durch ihre Beteiligung andere Schwerpunkte zu erkennen und ggf. zu berücksichtigen;
- sich auf neue Aspekte, andere Vorstellungen oder bisher völlig unberücksichtigte Argumente einzulassen;
- Situationen durch neue Einwürfe oder Argumente von Kindern ggf. völlig neu zu bewerten;
- Situationen, Vorhaben, Erlebnisse, Geschehnisse mit Kinderaugen neu zu betrachten;
- Kinder einfach besser zu verstehen.

Wenn Kinder ein *Mitspracherecht* besitzen, so erlaubt ihnen diese Möglichkeit, sich immer wieder einzubringen. Damit ist allerdings nicht ein gleichzeitiges »Bestimmungsrecht« gemeint! Das liegt nach wie vor bei den Eltern! So können Kinder zwar ihre Meinung zur Mithilfe im Haushalt äußern und beispielsweise mit Eltern »verhandeln«, welche Form der Mithilfe infrage kommt. Unabhängig davon besteht allerdings die *Mithilfepflicht*, getreu dem Motto: Wer Rechte hat, besitzt auch Pflichten. Ein anderes Beispiel: Sicherlich können, sollen und dürfen sich Kinder zur Frage äußern, welche Schule sie nach der Grundschule besuchen möchten – die Entscheidung liegt aber selbstverständlich bei den Eltern!

Lange Zeit wurden die zwei Begriffe Mitsprache und Bestimmung inhaltlich gleichgesetzt – mit dramatischen Folgen! Kinder entwickelten sich zu häuslichen »Herrschern« und »Bestimmern« und waren letztlich restlos mit dieser Rolle überfordert.

Mitsprache heißt beteiligt zu sein an Entscheidungsprozessen – nicht mehr, aber auch nicht weniger.

Eine gute Form der Mitsprache ist beispielsweise dadurch gegeben, wenn Kinder (je nach Alter) ihre wöchentliche Fernsehzeit (in Minuten) anhand der Fernsehzeitung strukturiert planen. Eltern geben dabei selbstverständlich den zeitlichen Rahmen vor und wirken als Berater. Auch für eine Computernutzung kann es feste Nutzungszeiten geben, wobei wiederum die Eltern die Zeitspanne vorgeben und die Kinder ihre Zeitnutzungen selbst planen. Diese können und sollten zu Beginn durchaus kontrolliert werden.

Mitsprachemöglichkeiten ergeben sich auch bei häuslichen Speiseplänen, beim Kauf von Kleidung, dem Besuch von Veranstaltungen, bei anstehenden Verwandtenbesuchen und bei älteren Kindern sicherlich auch bei Urlaubsplanungen und anderen Reisevorhaben, bei Ausgehzeiten oder gemeinsamen Abendgestaltungen.

Und schließlich gehört zur Mitsprache auch die (am besten) sonntägliche »Familienkonferenz«. Hier wird gemeinsam mit allen Familienmitgliedern ein wöchentlicher Rückblick vorgenommen sowie ein perspektivischer Vorausblick auf die kommende Woche gewagt, was bei wem an Besonderheiten ansteht, was bedacht werden muss und welche häusliche Regel erneut ins Bewusstsein gerufen werden muss. Für eine aktive Mitsprache der Kinder braucht es Erwachsene, die in der Lage sind, sowohl für eigene Fürsorgepflichten Verantwortung zu übernehmen, aber auch – dem Entwicklungsalter der Kinder entsprechend – Verantwortung zu delegieren. Eltern, die ein wirkliches Interesse an einer Mitsprache der Kinder haben, sind flexibel – ohne damit profillos zu sein. Sie sind wahrnehmungsoffen – ohne gleichzeitig wie eine Fahne im Wind wankelmütig zu sein. Sie sind an der Meinung ihrer Kinder stets interessiert – ohne dabei ihre Erziehungsvollmacht abzugeben. Sie sind auch ab und zu kompromissbereit – ohne dabei ihre übergeordnete Zielsetzung (= der »rote Faden«) aus den Augen zu verlieren.

## ERFAHRUNGSRÄUME (als Grundlage zur Entdeckung eigener Lernressourcen)

Elementare Erfahrungen, auf denen die weitere Entwicklung aufbaut, wie in Pfützen planschen, auf Bäume klettern, sich in Wäldern oder Höhlen verstecken, über Zäune springen, in der Erde tiefe Höhlen ausbuddeln, mit Obstkernen weitspucken, in Brombeersträuchern eigene Buden bauen, nachts mit Freunden im Zelt schlafen, unreife Äpfel essen, Klingelstreiche unternehmen und fortlaufen, Grimassen ziehen und die Hosentaschen voller Schätze haben, sind nicht nachholbar. Basteln und Blätter ausmalen hingegen kann man im Altenheim immer noch.

*Armin Krenz*

*Erfahrung macht klug!* Dieser (alte) Kernsatz der Pädagogik hat nach wie vor nichts an seiner Gültigkeit verloren. Im Gegenteil – alle neurophysiologischen Erkenntnisse aus der Hirnforschung belegen eindrucksvoll, dass Menschen weniger über ein Beobachtungs- oder Imitationslernen ihre Verhaltensmerkmale nachhaltig ausbauen als vielmehr über ein Handlungslernen.

Kinder sind keine »Lernkonsumenten«, sondern Akteure. Sie wollen weniger »belehrt« werden als vielmehr erfahrungsorientiert handeln dürfen, um beispielsweise aus Erfahrungen gedankliche und motorische Konsequenzen abzuleiten, Sinnverbindungen zwischen ihrem Tun und den Handlungsauswirkungen herzustellen, Perspektiven für ein zukünftiges Handeln zu entwickeln und neue Wege auszuprobieren.

Handlungsmöglichkeiten sind stets Erfahrungsräume. Und dort, wo Kinder aktiv werden können, ist es ihnen möglich, eine Vernetzung zwischen ihrem Tun und den entsprechenden Auswirkungen herzustellen – Aktion und Reaktion, Ursache und Wirkung, Anstoß und Folge. Wer kennt es nicht, wenn kleine Kinder beispielsweise immer wieder irgendeinen Gegenstand aus dem Kinderwagen oder über ihr Laufstallgitter fallen lassen und freudig erleben, wie Erwachsene (zumindest noch in den ersten fünf Minuten) diesen Gegenstand wieder zurückbringen? Oder wenn Kinder mit viel Freude immer wieder den Kippschalter für das Licht an- und ausknipsen? Wenn Steine ins Wasser geworfen, Bälle in ein Tor geschossen oder aufgestapelte Holzbausteine zum Einsturz gebracht werden?

Kinder sind überall und zu jeder Zeit auf der Suche, ihre Erfahrungen zu machen. Es scheint so, als hätten die Kinder die Idee im Hinterkopf, die Welt warte nur auf sie, um von ihnen immer wieder aufs Neue entdeckt zu werden. Auch wenn diese kindliche Einstellung für Erwachsene manches

Mal anstrengend sein mag – sie ist aus lernpsychologischer Sicht mehr als lebensnotwendig, zumal Kinder nur durch eigene Handlungserfahrungen ihre vielschichtigen Handlungsressourcen und Talente entdecken können.
Eltern haben daher die Aufgabe, darauf zu achten, nicht zu viel für ihr Kind zu tun! So brauchen sich viele Kinder heutzutage nur noch an einen fertig gedeckten Tisch zu setzen – weil Mama oder Papa alles schon hergerichtet haben. Da wird den Kindern das Butterbrot in bissgerechten Häppchen serviert, ohne den Kindern die Möglichkeit zu geben, ihr Butterbrot selbst zu schmieren. Da werden Kinder aus- und umgezogen, ohne ihnen die Chance zu gewähren, diese Alltagsnotwendigkeiten selbstständig auszuführen. Da werden Kinder – selbst bei kleinen, kurzen Wegen – mit dem PKW bis direkt zum Eingangsbereich des Kindergartens oder der Schule, zu ihren Freunden, zum Sportunterricht oder ins Schwimmbad gefahren, ohne ihnen die Anstrengung zuzumuten, diese Wege selbst zu Fuß, mit dem Bus, dem Rad oder der Bahn zurückzulegen.
Kinder brauchen Erwachsene, die selbst ihre eigenen Lernpotenziale entdecken wollen, die ihr Leben weitestgehend selbstständig in die Hand nehmen und aus einem tiefen Zutrauen zu ihren eigenen Fähigkeiten mit Selbstengagement die anstehenden Lebensaufgaben immer wieder aktiv und interessiert zu bewältigen versuchen. Dadurch schaffen sie es, auch den Kindern den Freiraum zu gewähren (und die berechtigte Erwartung an Kinder zu delegieren), ihren aktiven Teil einer Mitgestaltung im System Familie zu übernehmen.
Kinder brauchen Erwachsene, die selbst mit ausreichend Neugierde und Interesse die Welt um sie herum aktiv und engagiert erkunden wollen, sodass Kinder in ihren Eltern Personen erleben, die weniger »um den heißen Brei herumreden« als vielmehr Aufgabenstellungen anpacken, Woh-

nungen selbst gestalten, Räume selbstständig renovieren, Möbelstücke selbst zusammensetzen, aufbauen oder sogar selbst entwerfen, defekte einfache Haushaltsgeräte zu reparieren versuchen, das Holz für den Kamin selbst aus dem Wald holen, sägen und zum Trocknen stapeln, die Autopflege selbst übernehmen, die Gartengestaltung und -arbeit selbstständig ausführen, gestaltenden Hobbys nachgehen (Drachen bzw. Modellmotorsegler oder -schiffe bauen) oder Bergwandern, Klettern, Radtouren zu ihrer Freizeitgestaltung erklären.

Kinder brauchen also Vorbilder, die in ihnen immer wieder aufs Neue die Freude wecken, dass es interessanter und spannender ist, die eigene Freizeit aktiv auszufüllen, als sich passiv dem »Sesselkino« zu verschreiben.

## GEFÜHLE (als Grundlage für eine emotionale Kompetenz)

**Nur wer mit Gefühlen lebt und nicht gegen seine Gefühle lebt, der lebt gesund.**
*Christine Haas*

Gefühle sind ein fester Bestandteil des Lebens! Sie ergreifen uns mal mehr, mal weniger – doch immer sind sie unsere Begleiter bei unseren Gedanken und Handlungen. Gefühle können uns überfallen, wenn plötzlich völlig unerwartete Ereignisse auf uns einströmen (denken wir beispielsweise an den Gewinn bei einer Lotterie), sie können uns aus der Bahn werfen (beispielsweise beim Verlust des Arbeitsplatzes) und sie haben einen Sinn (zum Beispiel als Warnung vor Gefahren).

Die Kunst einer verantwortungsvollen Lebensgestaltung besteht unter anderem darin, zu lernen, mit Gefühlen umzugehen. Dazu gehört es zunächst, Gefühle wahrzunehmen, anzunehmen, zu betrachten und schließlich das aktuelle Gefühl in sich zu integrieren *oder* zu verändern, beispielsweise durch eine andere Situationsbewertung oder durch eine neue Sichtweise des Problems.

Der Umgang mit Gefühlen ist den Menschen nicht angeboren – er muss gelernt werden, so wie das Gehen und Laufen oder die Sprache erlernt werden müssen. Zu Beginn der Entwicklung »gehen die Gefühle mit den Kindern durch« – das ist völlig normal und nachvollziehbar, weil die Emotionen den Menschen beherrschen. So passiert es beispielsweise, dass Kinder, die ihr Lieblingsspielzeug verloren haben, emotional so stark von diesem Verlust ergriffen sind, dass sie herzzerreißend und lang anhaltend weinen können. Oder wenn Kinder während eines gemeinsamen Einkaufsbummels in der Stadt plötzlich ihre Eltern vermissen und sie diese einfach nicht finden können: Schon führt das Gefühl der tiefen Verlassenheit und Einsamkeit zu einer außergewöhnlich starken Angsterregung. Vor Prüfungssituationen kann man sich wie gelähmt fühlen (der Kopf scheint dann völlig leer zu sein und die motorische Beweglichkeit ist gleich null) und bei tief erlebten Glücksgefühlen scheint die ganze Welt auf einmal rosarot zu glänzen.

In der weiteren Entwicklungszeit kommt dann immer stärker die Vernunft zum Tragen, die manche Gefühle beruhigt, verstärkt oder auch ganz auszuschalten versucht. So verlockt das Gefühl vielleicht dazu, an einem sehr heißen Sommertag im Straßencafé eine Riesenportion Eis essen zu wollen, die Vernunft rät angesichts des aktuellen Gewichts aber eher davon ab. Oder es tauchen Gedanken auf in Richtung »Einmal sündigen ist nicht verboten« bzw. »Bei dieser Hitze braucht der Körper dringend eine Abkühlung, um einem

Hitzschlag zu entgehen«. Andere wiederum würden sich sagen: »Gleich bist du zu Hause. Dort kannst du dich in deiner kühlen Wohnung ausruhen und ein Glas frisches, kühles Wasser trinken.«

Auch wenn es zunächst so aussehen könnte, als würden Gefühle und unser Verstand nicht zusammenpassen und Gegenspieler sein, so ist diese Annahme falsch. Vielmehr ist es richtig, dass Gefühle und Verstand in einen Einklang gebracht werden können und auch zu bringen sind, um letztlich mit Gefühlen umgehen zu können und zu wollen. Würden wir Menschen uns lediglich durch unsere Gefühle leiten lassen, so gäbe es in der Welt keine Regeln und keine Verlässlichkeiten. Bei erlebten Unzufriedenheiten würde zugeschlagen werden, bei erlebter Angst würden wir fortlaufen, bei aufkommendem Ekel würden wir uns abwenden, bei seelischen Verletzungen würden wir andere in gleicher Art und Weise verletzen, bei Aufgebrachtheit würden wir laut schreien, bei Nervosität unsere Fingernägel beknabbern, bei höchstem Entzücken würden wir vielleicht alle Menschen auf der Straße umarmen und bei spontan empfundener Liebe würden wir uns allen Menschen hingeben.

Um es nicht so weit kommen zu lassen, gibt es die Vernunft, die nun *situationsbezogen* (!) differenziert, wo an welchem Ort zu welcher Zeit welche emotionale Äußerung angebracht bzw. unangebracht ist. Daniel Goleman, der bekannte amerikanische Psychologe und Autor des Standardwerks *Emotionale Intelligenz,* betont immer wieder, dass die Entwicklung einer emotionalen Intelligenz stets mit der Selbstwahrnehmung, der Selbsterkenntnis und der Selbstreflexion beginnt. Der eigene innere Zustand muss beleuchtet werden, um beispielsweise den Fragen nachzugehen, was es genau ist, was mich ärgert, warum *mich* das gerade ärgert, was an Gründen dahinterstecken könnte, dass dieser Ärger in mir so heftige Reaktionen auslöst und wie der Ärger in den Griff zu bekommen ist.

*Kinder brauchen daher Erwachsene, die ihnen helfen, Klarheit über ihre eigenen Gefühle zu bekommen.*

Emotionale Intelligenz hat mit Achtsamkeit zu tun, um mit Zeit und möglichst in Ruhe die eigenen Gefühle kennenzulernen, zu bemerken, was Gefühle in unserem Körper bewirken, wie Gefühle die Gedanken manipulieren und wie letztendlich Gefühle unser ganzes Handeln beeinflussen.

*Kinder brauchen daher Erwachsene, die ihnen helfen, auf eine achtsame Entdeckungsreise in sich zu gehen.*

Emotionale Intelligenz verlangt eine emotionale Selbstkontrolle, um in den jeweiligen Situationen auch situationsangemessen – das heißt emotional und rational ausgeglichen – reagieren zu können. Goleman sagt dazu: »Es geht nicht darum, dass man negative Emotionen vermeiden muss, um zufrieden zu sein, sondern darum, dass man stürmischen Gefühlen nicht erlaubt, alle angenehmen Stimmungen zu verdrängen.« (Golemann 2007, S. 80)

*Kinder brauchen daher Erwachsene, die ihnen helfen, Gefühlsausbrüche steuern zu können, ohne dass Kinder dabei auf gefühlsmäßige Beteiligungen verzichten müssen.*

(Beispiel: Anspucken oder schlagen ist verboten, mit den Füßen auf den Boden stampfen oder lauter als gewohnt sprechen ist erlaubt!)

Emotionale Intelligenz entwickelt sich im Menschen das ganze Leben weiter, wenn Menschen ein hohes Maß an Selbstmotivation in sich tragen, Ziele erreichen zu wollen, erfolgreich zu sein, Leistung zu erbringen, Engagement zu zeigen.

*Kinder brauchen daher Erwachsene, die durch eine bindungsstarke Beziehung den Kindern Sicherheiten vermitteln, dass Kinder etwas leisten können und Kinder vieles schaffen werden, wenn sie sich mit Kraft und Selbstengagement für ihre Ziele einsetzen.*

Emotionale Intelligenz ist dann in Menschen vorhanden, wenn sie empathisch mit anderen Menschen umgehen. Das heißt, dass sie die Fähigkeit besitzen, sich in andere Personen gut hineindenken zu können, sich auf die Bedürfnisse anderer einstellen und dabei auch eigene, aktuelle Bedürfnisse und Wünsche zurückstellen zu können.

*Kinder brauchen daher Erwachsene, die ihnen dafür gute Vorbilder sind und dafür sorgen, dass Kinder zunächst die Empathie im Alltag ihrer Eltern erleben können.*

Und schließlich umfasst die emotionale Intelligenz natürlich das große Feld der sozialen Kompetenzen – erlebbar in der Art und Weise, wie anderen Menschen zugehört wird (ohne diese zu unterbrechen), wie konstruktiv und friedlich Konflikte gelöst werden (ohne Macht auf andere auszuüben, andere anzuschreien oder andere zu demütigen), wie hilfsbereit man selbst ist, wie kommunikationsfreundlich Beziehungen gestaltet oder wie wahrnehmungsoffen neue Kontakte aufgebaut und gepflegt werden.

*Kinder brauchen daher Erwachsene, die mit Kindern eine werteorientierte Umgangs- und Sprachkultur pflegen, in der Kinder die Erfahrung machen: Kontakte mit Menschen sind eine wundervolle Bereicherung im Leben.*

*Und: Kinder brauchen vor allem Erwachsene, die immer wieder engen Kontakt zu ihren eigenen Gefühlen suchen und herstellen (Angst, Trauer, Freude, Wut), die unterschiedliche Gefühle in ihrer jeweiligen Berechtigung akzeptieren sowie auf eine Ausgewogenheit der erlebten Gefühlswelten achten.*

## SEXUALITÄT (als Grundlage einer ganzheitlich erlebten Identität)

Wir müssen die Kinder mit Wärme und Zärtlichkeit genug und übergenug füttern.
Denn das brauchen sie, sosehr wie Milch.
Berührt, gestreichelt und massiert zu werden, das ist die Nahrung für das Kind.
Wenn ein Kind sie entbehren muss, will es lieber sterben, und nicht selten stirbt es wirklich.
*Frédérick Leboyer*

Es gibt eine nette Geschichte aus dem Berliner »Milljöh« Heinrich Zilles: Die Kinder aus dem Mietshaus spielen im Schuppen auf dem Hinterhof. Verdächtig still, wie es einer Mutter scheint. Sie öffnet das Fenster und ruft hinunter: »Karle!« Stille. Und noch einmal ertönt ihr markerschütternder Schrei: »Kaaaaaaarlee!!« Nichts. Nach dem dritten, wahrlich nicht zu überhörenden Anruf erscheint schließlich ihr Sohn Karl an der Schuppentür und knöpft sich sein Hemd zu. Die Mutter: »Was macht ihr?« Die Antwort des Sohnes: »Wir spielen Vater und Mutter.« »Na, dann ist ja gut«, ruft die Mutter zurück, »ich dachte schon, ihr raucht.«
Keiner weiß, ob diese Geschichte der Wahrheit entspricht oder als Witz gedacht ist. Auf jeden Fall wird deutlich, dass es sehr unterschiedliche Reaktionsmuster geben kann, verbunden mit der Frage: »Und was hätten Sie gemacht?«
Erwachsene haben – ob gewünscht oder nicht – zur Kenntnis zu nehmen, dass jedes Kind von Anfang an ein sexuelles Wesen ist! Und damit sind Eltern – ob gewollt oder nicht – auch mit ganz unterschiedlichen Aspekten einer kindlichen Sexualität konfrontiert, etwa wenn es um die Frage geht, wie

Eltern am besten darauf reagieren, wenn Kinder einen sexualisierten Wortschatz verwenden. Oder wie Eltern bei Doktorspielen bzw. bei Selbstbefriedigungshandlungen reagieren sollten. Was ist zu tun, wenn Kinder ausgiebig nach ihrer Entstehung fragen, und welche Reaktion ist angemessen, wenn Kinder fragen, ob »schwul sein« schön ist? Sexualität existiert nicht in einem luftleeren Raum und auch nicht nur ab einem bestimmten Alter. Sexualität existiert von Geburt an und gehört bis zum Tod zum festen Bestandteil des Lebens.

Auch wenn zu Anfang dieses 21. Jahrhunderts angenommen werden könnte, dass Eltern weitaus ungezwungener und lockerer mit diesem Lebensschwerpunkt aller Menschen umgehen würden, so zeigen viele Gespräche mit (bzw. unter) Eltern ein anderes Bild: Der Schwerpunkt »kindliche Sexualität« ist immer noch etwas Besonderes – etwas heikel, etwas frivol, etwas peinlich. Kinder kennen dabei weitaus weniger Berührungsängste, offen und frei damit umzugehen. Lauschen wir einfach einem Kindergespräch, das in der Puppenecke eines Kindergartens exakt wie folgt ablief:

Michael: »Du, der Melanie ihre Mama bekommt ein Baby.«

Gudrun: »Weiß ich doch schon längst. Ich hab's am Bauch bemerkt, der wurde immer dicker.«

Bärbel: »Weil die so viel frisst. Darum wird der Bauch immer fetter.«

Gudrun: »Der Bauch von Frauen kann aber auch dicker werden, wenn Frauen ein Baby erwarten.«

Susanne: »Ja genau! Der Bauch von Melanies Mutter wird immer dicker und dicker und ... schwupps, dann platzt er, und das Baby purzelt heraus. Darum muss man auch ins Krankenhaus, sonst fällt ja das Baby auf den Boden. Auch muss der Bauch wieder zugenäht werden und das kann nur der Doktor.«

Markus: »Susanne, du spinnst doch. Ein Baby kommt doch

nicht aus dem Bauch raus. Das Baby kommt da raus, wo auch die Scheiße rauskommt, aus dem Hintern.«
Gudrun: »Das stimmt gar nicht.«
Myriam: »Genau. Babys kommen nirgends raus. Die bringt der liebe Gott. Oder man kauft ein Baby, so wie unsere Nachbarin, die hat ein braunes Baby eingekauft, weil's bei denen zu Hause nicht klappte. Das hat meine Mama meinem Papa gesagt und ich hab es genau gehört.«
Gudrun: »Das stimmt auch nicht. Du, Markus, eines sag ich dir, die Babys kommen nicht da raus, wo du meinst.«
Markus: »Wieso eigentlich nicht? Wo kommen sie dann raus? Aus dem Prunzloch?«
Gudrun: »Da auch nicht. Mädchen und Frauen haben da vorne zwei Löcher. Eins zum Pipimachen und eins, wo das Baby rauskommt, nämlich aus der Scheide.«
Susanne: »Und wie kommt das Baby da hinein?«
Markus: »Da prunzt der Mann hinein.«
Myriam: »Der ist aber ein Schwein.«
Michael: »Genau, genau, der Mann steckt sein großes Ding da hinein und prunzt dann hinein.«
Gudrun: »Ihr seid ja blöd, so was tut man auf'm Klo. Mein Papa tut das jedenfalls nicht, wenn er lieb zu meiner Mama ist. Mein Papa steckt sein Glied in die Scheide von meiner Mama, dann schmusen sie und lachen sie, weil es schön ist, dabei fließt Papas Samen in die Mama hinein. Der Samen tut sich dann mit einem Ei, das die Mama in sich hat, zusammen. So entsteht ein Baby. Genauso ist es. Das hat mir mal meine Mama gesagt.«
Michael: »Die machen dann ficke-ficke. Mein Papa und meine Mama machen das auch.«
Markus: »Ficke-ficke machen, das macht auch meine Schwester. Ich hab's selbst schon gesehen, wie sie das tun. Die hat aber noch kein Kind gekriegt. Da kann was nicht stimmen ...«
(Berger 1990, S. 10 f.).

Was Erwachsene zunächst begreifen müssen, ist die Tatsache, dass sich die kindliche Sexualität von der erwachsenen Sexualität *grundsätzlich* unterscheidet. Während Erwachsene mehr den genitalen (körperlichen) Aspekt im Vordergrund sehen, erleben Kinder die Sexualität weitaus ganzheitlicher, geheimnisvoller, spannender, erlebnisreicher, wunder-voll – im wahrsten Sinne des Wortes. Sie erfahren sie als das Zusammenwirken von gefühlsmäßigen Empfindungen, emotional-sozialen Bedürfnissen, kognitiven Fragen und handlungsorientierten Experimenten, lustvollen Empfindungen, einem angenehmen Wohlgefühl, einer genussvollen Zärtlichkeit und einem permanenten »Kribbeln im Bauch«.
Kinder, die in den ersten sechs Lebensjahren Eltern erleben durften, die ihr tiefes Bedürfnis nach körperlicher Nähe, zuverlässiger Geborgenheit und sicherer Annahme befriedigend erfüllen konnten, sind ausgeglichener, knüpfen leichter soziale Kontakte und können diese besser aufrechterhalten, schließen ernsthaftere Freundschaften, entwickeln ein stärkeres Selbstbewusstsein und eine optimistischere Lebenseinstellung und können mit Enttäuschungen im Leben besser umgehen. Das macht deutlich, wie wesentlich dieser Lebensbereich für die gesamte Entwicklung eines Menschen ist. Kindliche Sexualität hat zwar auf der einen Seite auch meistens etwas mit dem körperlichen Bereich zu tun, zum Beispiel gegenseitiges Untersuchen; küssen; ausziehen; sich im Spiegel betrachten; gegenseitiges »Verarzten«; Selbstbefriedigungshandlungen vornehmen (lassen) usw. Gleichzeitig sind auch immer emotional-soziale Faktoren beteiligt: Wärme spüren; Nähe suchen und genießen; Vertrauen entgegenbringen; Zutrauen zeigen; Zärtlichkeiten genießen; Freude haben; staunend neue Erfahrungen zur Kenntnis nehmen dürfen; fröhlich sein; Glück empfinden; Stille erfahren; Hingabe erleben etc.

Durch diese Vernetzung wird daher seit einigen Jahren auch immer von der »psycho-sexuellen Entwicklung bei Kindern« gesprochen. Wer also den körperlichen Erlebnisbereich der Kinder negativ beeinflusst, mit Angst besetzt oder Kindern deren sexuelles Interesse am liebsten austreiben möchte, beeinflusst damit auch immer gleichzeitig negativ (= entwicklungshemmend) die seelische Entwicklung eines Kindes. Das Ziel einer lebensbejahenden Sexualität muss darin bestehen, Kindern zu einer positiven psycho-sexuellen Identitätsentwicklung zu verhelfen. Das geht nur, wenn Kinder

- einen wirklich angstfreien Umgang mit ihrem Körper erfahren können;
- ohne Angst »Doktorspiele und Co« unternehmen können;
- in sich und bei anderen Kindern Gefühle wahrnehmen, thematisieren, Gefühle erleben, Grenzsetzungen anderer Kinder beachten und Intimitätswünsche respektieren – dazu brauchen sie engagierte und interessierte Erwachsene;
- ein Selbstbewusstsein in Bezug auf ihren eigenen Körper entwickeln können und sich über ihren Körper freuen;
- zu Jungen und Mädchen ein gleichwertiges Verhältnis aufbauen und weder sich noch andere aus geschlechtsspezifischer Sicht etwa als »defizitär« oder weniger wert wahrnehmen;
- Rückzugsbereiche von Erwachsenen zugestanden bekommen, also Orte finden, wo Kinder sich zurückziehen können (in Nischen, Höhlen, Ecken, Kartonhäuschen ...);
- das Recht zugestanden bekommen, selbstverliebt mit ihrer Nacktheit umgehen zu dürfen;
- mit ihren Eltern intensiv kuscheln und schmusen können;

- erleben können, dass ihr Schamgefühl jederzeit beachtet wird;
- in ihren Eltern Personen erfahren, die selbst verantwortungsvoll mit dem Lebensbereich »Sexualität« umgehen und damit eine Vorbildfunktion besitzen;
- humorvolle Erwachsene erleben dürfen. (Noch einmal eine kleine, wahre Begebenheit: Laura, fünf Jahre alt, geht sehr gerne in den Kindergarten und genießt es, jeden Morgen ihre vollbusige Erzieherin zu drücken. Leider ist diese heute krank. Eine Vertreterin kommt in die Gruppe. Laura, die natürlich auch diese Erzieherin seit zwei Jahren kennt, nimmt diese auch kurz in den Arm und fragt dann schließlich: »Sag mal, hast du auch einen Busen?« »Natürlich«, ist die Antwort. Darauf Lauras Bitte: »Kannst du ihn dann morgen mal mitbringen?«)

Da es bis heute keinen einzigen wissenschaftlichen Beweis oder irgendeinen literarischen Bericht darüber gibt, dass ein glückliches Erleben und Ausprobieren der Sexualität jemals die weitere Entwicklung eines Menschen nachhaltig negativ beeinflusst hat, muss angenommen werden, dass Erwachsene selbst ihre eigenen Schwierigkeiten mit diesem Thema auf Kinder übertragen. Bedenkt man, dass ca. 40 Prozent aller Selbstmorde direkt oder indirekt durch sexuelle Ängste und Nöte motiviert sind und gerade sexuelle Perversionen oder neurotische Störungen ihre Wurzel in sexuellen Hemmungen, Verdrängungen, Ängsten und Belastungen haben (und eben *nicht* in einer angemessenen Freizügigkeit im Entwicklungszeitraum »Kindheit«), dann muss hier ein radikales Umdenken bei vielen Eltern folgen. Und wenn in Deutschland Jahr für Jahr ca. 12 000 Mädchen zwischen 13 und 17 Jahren schwanger werden, die meisten Mädchen schon mit neun Jahren ihre erste Regel bekommen und der erste Geschlechtsverkehr mit 13 oder 14 Jahren stattfindet, dann hat der sexuelle Lebensbereich die seelisch-geistige Reife inzwischen überholt. Umso dringlicher ist somit die Forderung nach einer sexuellen Identität für Kinder, die schon im frühesten Kindesalter durch viele angenehme Erfahrungen beginnt.

Kinder brauchen Erwachsene, die selbst ein reichhaltiges und zufriedenes Sexualleben führen, die dem großen Feld der Sexualität unverkrampft und aufgeschlossen gegenüberstehen sowie den Kindern von Geburt an eine eigene Sexualität und Sexualentwicklung zuerkennen.

## GEWALTFREIHEIT (als Grundlage für Selbstengagement und Zivilcourage)

**Ich bin ein Schmetterling, trunken vor Leben.**
**Ich weiß nicht, wohin ich fliege, aber ich werde dem Leben nicht erlauben, meine farbenprächtigen Flügel zu stutzen.**
*Dr. Janusz Korczak*

Gewalt kann unendlich viele Masken und Gesichter haben. Sie zeigt sich beispielsweise in der elterlichen Pädagogik, wenn Kinder

- körperlich vernachlässigt werden, wenn sie nur unregelmäßig mit Nahrung versorgt werden;
- in ihrer sexuellen Selbstbestimmung nicht ernst genommen und sexuell – in welcher Form auch immer – ausgebeutet werden;
- in ihrem Bedürfnis nach Intimität nicht wertgeschätzt werden;
- keine Körperhygiene erfahren oder kennenlernen dürfen;

- seelisch verletzt werden, beispielsweise durch bewusst eingesetzte Nichtbeachtung oder indem sie einer Lächerlichkeit ausgesetzt werden, indem man sich über ihre Besonderheiten »lustig« macht;
- zu religiösen Fanatikern erzogen werden, statt dass Erwachsene dafür sorgen, Religion als ein seelisches Befreiungsangebot erfahrbar zu machen;
- von ehrgeizigen Eltern zu Höchstleistungen angespornt werden und den Eindruck gewinnen müssen, dass sie nur dann etwas zählen, wenn sie in ihrem Leistungsbereich besonders gut sind;
- von leistungsgesteuerten Eltern von einem »Fördertermin« zum nächsten »Kurstreffen« chauffiert werden, wodurch die Zeit im Kinderleben zerrissen und verplant wird;
- ohne verbindliche Regeln und sinnvolle Orientierungen aufwachsen, sodass sie unweigerlich vielen Überforderungen ausgesetzt sind;
- bei der Trennung ihrer Eltern »zwischen die Fronten« geraten und zum Spielball persönlicher Rachegefühle gegen den einstigen Partner gemacht werden;
- durch elterliche Inaktivitäten unterfordert sind, ihre Talente nicht zum Ausdruck kommen und mit der Zeit immer stärker verkümmern;
- angeschrien, körperlich »gezüchtigt« oder gequält werden;
- in irgendeiner Form sogenannten Erniedrigungen ausgesetzt sind.

Gewalt ist die schlimmste Form einer Persönlichkeit zerstörenden Pädagogik – hier werden Kinderseelen zerbrochen, bisherige Entwicklungen in Kindern wieder zunichtegemacht und weitere Entwicklungsvorgänge verhindert. Gewalterfahrungen sind für Kinder stets mit starken Angstge-

fühlen verbunden und diese drücken sich sehr häufig in folgenden Verhaltensirritationen aus:
Bettnässen und/oder Einkoten, Bauch- und Unterleibsschmerzen, starke Kopfschmerzen oder Migräne, Schlafstörungen, starke Konzentrationsauffälligkeiten, Jaktationen (sich ständig im Bett herumwälzen/mit dem Kopf oder dem Oberkörper hin und her bewegen), eine häufig starre Mimik, Minderwertigkeitsgefühle (bei kleineren Kindern) und massives Machtgebaren mit teilweise aggressiven Verhaltensweisen (bei älteren Kindern und Jugendlichen), häufiges Weinen, Angst vor anderen Menschen oder eine starke Fixierung auf humanistisch geprägte Personen, starke Zukunftsängste, zwanghafte Verhaltensweisen, depressive Verstimmungen, Regressionen (Rückschrittverhalten) in zurückliegende Handlungen wie Daumenlutschen oder erneute Nutzung der Babysprache, Misstrauen gegen jede Form von Nähe, Verschlossenheit, Stottern bis zu einem ganzheitlichen Verstummen, allgemeine Nervosität und Gereiztheit, schnelles Aufbrausen und gigantische Übertreibungen, was das Kind kann bzw. was es besitzt.
Gewalterfahrungen zwingen Kinder dazu, sich ständig in einer Verteidigungshaltung zu bewegen und aufzupassen, dass ihnen möglichst keine neue Gewalt begegnet. Gewalterfahrungen demoralisieren die Kinder und lassen in ihnen das Gefühl entstehen, keinen Wert und keine Würde zu besitzen, kein Recht auf eine persönliche Achtung zu haben und sich mit dem Los einer ständigen Hilflosigkeit abfinden zu müssen.
Prof. Dr. Leo Montada konnte durch die Auswertung vieler Studien nachweisen, dass sich ein antisoziales Verhalten bei immer mehr Kindern (vor allem Jungen) zu einem roten Lebensfaden entwickelt. Dabei weisen die Lebensläufe häufig auf ein ganz bestimmtes Entwicklungsschema hin: Unver-

träglichkeit, »Ungehorsam« und Aggressivität in der Kindheit, später hinzukommende kleinere Diebstähle, schließlich Raubüberfälle und Gewalt in der eigenen Familie, Betrug und illegale Geschäfte sind »typische Lebensstationen«. Dabei lassen sich die Auffälligkeiten bis ins Säuglingsalter zurückverfolgen: Es sind zumeist aufmerksamkeitsgestörte, hyperaktive und häufig emotional missgestimmte Kinder, die sich bei geringsten Anlässen böswillig provoziert fühlen und (aus Angst) aggressiv reagieren. Und sie wachsen in gewaltorientierten Familien auf! Erschreckend ist der Kreislauf, der sich in einem selbstverstärkenden Verlauf so lange potenziert, bis diese Gewaltspirale endlich unterbrochen wird – ansonsten entsteht aus einer Ablehnungsspirale eine weitere Eskalationsspirale.

Gewaltfreiheit bildet die Basis für grundsätzlich konstruktive und damit entwicklungsförderliche Kommunikationserfahrungen, die Kinder brauchen, um in Selbstentdeckungs- und Selbstentwicklungsprozesse zu finden.

Dazu brauchen Kinder Erwachsene, die in ihrer Haltung von einem tiefen Humanismus geprägt sind und ihr eigenes Leben durch humanistische Werte wie Freundlichkeit, Aufgeschlossenheit, Hilfsbereitschaft und Güte gestalten. Gleichzeitig entspricht es ihrer festen Überzeugung, dass jedwede Gewalt eine Kommunikationsstruktur provoziert, die nur von Machtansprüchen aufseiten der Erwachsenen und Ohnmachtserlebnissen aufseiten der Kinder geprägt sein würde und damit eine destruktiv (= entwicklungshinderlich) geprägte Interaktion zur Folge hätte – mit dramatischen Auswirkungen auf die gesamte Familie und in der Mehrzahl auch auf die gesamte Gesellschaft.

## NEUGIERDE (als Grundlage für eine selbstgesteuerte Lernmotivation)

> Wenn du begeisterungsfähig bist, kannst du alles schaffen.
> Begeisterung ist die Hefe, die deine Hoffnungen himmelwärts treibt.
> Begeisterung ist das Blitzen in deinen Augen, der Schwung deines Schrittes, der Griff deiner Hand, die unwiderstehliche Willenskraft und Energie zur Ausführung deiner Ideen.
> Begeisterte sind Kämpfer. Sie haben Seelenkräfte. Sie besitzen Standfestigkeit.
> Begeisterung ist die Grundlage allen Fortschritts.
> Mit ihr gelingen Leistungen, ohne sie höchstens Ausreden.
> *Henry Ford*

Wer kennt nicht die ungezählten Kinderfragen, mit denen Eltern konfrontiert werden: Warum ist der Himmel blau? Wo war ich, bevor ich geboren wurde? Kommen Hunde auch in den Himmel? Warum ertrinken die Fische nicht? Warum gibt es eigentlich Wespen und Mücken? Wie ist das, wenn man tot ist? Können Bäume auch weinen? Woher kommen die Bilder, wenn ich nachts träume? Warum fängt es an zu regnen, wo ich doch draußen spielen will? Wie kommen die Gedanken in meinen Kopf? Warum schreien die Babys so laut und so viel? Wozu braucht man einen Bauchnabel und warum riecht beim Regen alles stärker? Warum wird man nach dem Essen immer müde und warum zittert man bei Kälte? Warum kommen die Regenwürmer bei Regen aus dem Boden und wie viel Beine haben Tausendfüßler wirklich?

Kinder tragen eine sogenannte Selbstbildungsmotivation in sich. Das heißt, dass sie sich durch die vielen Wahrnehmungsreize und Eindrücke, von denen sie Tag für Tag umgeben sind, ständig aufgefordert fühlen, Hintergründe zu erforschen, Zusammenhänge zwischen neu gewonnenen Informationen und alten, abgespeicherten Fakten herzustellen und auf diese Weise ihr Wissen und Können zu erweitern.

Neugierde ist der Motor für jede Lernaktivität. Dort, wo keine Neugierde herrscht, werden Kinder ebenso wenig lernen (können/wollen) wie Erwachsene, die vielleicht auf ihrem Standpunkt beharren: »Was ich weiß, das reicht.« Kinder haben von Geburt an eine völlig andere Lerneinstellung. Sie sehen die gesamte Welt um sich herum wie eine riesige Schatztruhe an, die voller Geheimnisse steckt und von ihnen entdeckt werden will. Deshalb gibt es die vielen Warum- und Wieso-Fragen, die für Kinder mehr als »nur« Wissensfragen sind. Kindern geht es auch um die jeweiligen Geschichten, die mit den unterschiedlichen Fragen verbunden sind. So berührt beispielsweise die Frage »Wie ist das, wenn man tot ist?« den ganzen Themenkomplex »Tod«: Was ist, wenn plötzlich die Eltern sterben? Wer sorgt dann für mich? Wo werde ich dann wohnen? Was ist, wenn meine Großeltern sterben? Wie ist das, wenn man in einem Sarg liegt? Was oder wer bestimmt, wann man selbst stirbt? Gibt es vielleicht tatsächlich einen Himmel und eine Hölle? Kann man als Toter alles sehen, was auf der Erde passiert? Muss man im Himmel auch essen und trinken?

Wenn Kinder neugierig sind, so muss uns Erwachsenen klar sein, dass gerade diese »Gier nach Neuem« die menschliche Basisfähigkeit einer Lernfreude und einer Lernbegeisterung bildet. Wenn heutzutage viele Eltern und LehrerInnen immer wieder die mangelnde Lernbereitschaft oder ein teilweise völlig fehlendes Lerninteresse bei Kindern beklagen, muss die Annahme erlaubt sein, dass die kindliche Neugierde in den ersten Lebensjahren offensichtlich von vielen Erwachsenen nicht aufgegriffen, unterstützt und ausgebaut wurde.

Wer als Kind des Öfteren Anmerkungen zu hören bekommt wie: »Stell doch nicht so viele Fragen«, »Das kann ich dir jetzt nicht erklären«, »Nerv mich nicht mit deiner ständigen Fragerei« oder »Du fragst mir noch ein Loch in den Bauch«, der wird wahrscheinlich eine entsprechende Konsequenz ziehen, die da lautet: »Fragen stellen lohnt sich nicht!«, »Fragen stellen bringt Erwachsene in Rage oder Schwierigkeiten« bzw. »Am besten fragt man erst gar nicht nach.« Damit wäre allerdings ein wirkliches Lerndrama für das Kind in Gang gesetzt, zumal auch später in der Schule der Lernerfolg in erheblichem Maße von einer vorhandenen Lernmotivation abhängt.

Neugierde ist der Motor, um seine eigene, reichhaltige Entwicklungsvielfalt zu entdecken, aufzunehmen und erleben zu können. So stellen neugierige Kinder beispielsweise schon recht früh Fragen wie: Was kann ich besonders gut? Was interessiert mich besonders intensiv? Wie komme ich an entsprechend gewünschte Informationen ran? Was gibt es dazu noch mehr zu entdecken? Wer unterstützt mich bei meiner Tätigkeit oder meinem Vorhaben?

Neugierige Kinder sind lernaktive, wissbegierige und wahrnehmungsoffene Kinder, die zwar für ihr Umfeld manchmal »anstrengend«, doch für eine humane Leistungsgesellschaft gleichzeitig dringend erforderlich sind. Kinder mit einer Lernabwehr, fehlender Neugierde, einem »Null-Bock-Lerninteresse« haben häufig eine Lernbiografie hinter sich, die entweder durch Überbehütung oder ein lernhemmendes Entwicklungsklima bestimmt gewesen ist.

Deshalb brauchen Kinder Erwachsene, die einerseits selbst eine hohe Lernfreude in sich tragen, um immer wieder neue Erfahrungen im emotionalen, sozialen, motorischen und kognitiven Bereich zu machen. Das sind Erwachsene, die andererseits mit viel Engagement und Mut ihr eigenes Leben selbstaktiv gestalten. Dadurch stellen sie auch für Kinder ein

Vorbild dar: Wer sein Leben mitbestimmt (und nicht bestimmen lässt), erreicht Ziele, die zuvor vielleicht nur Träume waren.

## OPTIMISMUS (als Grundlage für eine konstruktive und aktive Lebensgestaltung)

**Lachst du Kinder an, lachen sie zurück.**
**Lachst du Große an, fragen sie sich: Warum lacht der?**
*Phil Bosmans*

Jede Verhaltensweise, die der Mensch an den Tag legt, kann einer optimistischen oder pessimistischen Sichtweise zugeordnet werden. Egal, ob es sich dabei um Ausdrucksformen von Kindern oder Erwachsenen handelt. Hierzu einige Beispiele:

- Eifersucht (auf andere Menschen) ist die Angst davor, verlassen zu werden und selbst dem Gefühl der Einsamkeit ausgesetzt zu sein.
- Sorgen, die permanent die Gedankenwelt bestimmen, lassen kaum noch die Freiheit zu, konstruktive Überlegungen anzustellen.
- Gedankengänge wie »Das schaff ich sowieso nicht«, »Das überfordert mich« oder »Das krieg ich sicherlich nicht hin« sind ausschließlich dazu geeignet, sich selbst auf Misserfolge hin zu programmieren.
- Angstbesetzte Vorstellungen über mögliche Katastrophen (»Was da dem Kind alles passieren kann!« oder »Das muss doch unweigerlich in einem Chaos enden!«) schränken nicht nur die eigene Wahrnehmungsfähigkeit

ein, sondern übertragen sich auch atmosphärisch sehr schnell auf Kinder, verbunden mit der Folge, dass verunsicherte Kinder weitaus häufiger negative Erfahrungen machen als positiv denkende Menschen.

- Wenn persönliche Herausforderungen als eine Chance eingeschätzt werden, etwas Neues dazulernen zu können, ist das Lerninteresse weitaus höher, als wenn Herausforderungen wie eine lästige Pflicht erlebt (erlitten) werden. Innovative Gedanken entstehen im ersten Fall weitaus schneller und häufiger.

Natürlich könnten die Beispiele an dieser Stelle endlos fortgesetzt werden. Worum es bei den wenigen Ausführungen geht, ist der Punkt, zu erkennen, dass wirklich *jede* Form des Denkens, jede Gedankenstruktur, jedes Verhalten und jede erlebte Gefühlsäußerung entweder durch eine optimistische oder eine pessimistische Sichtweise geprägt ist. Diese ergibt sich aus der Persönlichkeit des Menschen, die wiederum weniger genetisch (fest) vorprogrammiert ist, sondern vielmehr erfahrungsorientiert entwickelt wurde. Das macht deutlich, wie wichtig eine optimistisch geprägte Umgangskultur im Elternhaus ist. Eltern sind daher aufgefordert, bei auftauchenden Problemen eine Lebensphilosophie zu vertreten, die beispielsweise durch folgenden Grundsatz geprägt ist: »Es gibt für alle Schwierigkeiten eine Lösung! Man muss sie suchen und wird sie finden.« Oder: »Es gibt keine Probleme – es gibt nur Aufgaben.«
Leider befindet sich Deutschland schon seit Jahren in einer verstärkten »Klagekultur« – es wird eher darauf geachtet, was *nicht* optimal gelaufen ist. Oder es wird sich darüber beklagt, wo »der Hase im Pfeffer zu liegen scheint«, anstatt dafür zu sorgen, wie »die Kuh vom Eis zu holen ist.« Statt über steigende Preise zu klagen, sollte geschaut werden, wo Einsparungen an überflüssigen bzw. unnützen Einkäufen

vorgenommen werden können – das betrifft auch die teilweise völlig mit Spielmaterialien überfüllten Kinderzimmer! Und statt sein Augenmerk ausschließlich und immer wieder auf irgendwelche Missgeschicke der Kinder zu lenken, sollten sich Eltern vielmehr darüber freuen und dafür dankbar sein, dass die meisten Missgeschicke viel schlimmer hätten ausgehen können.

Optimismus hat etwas mit erlebter Dankbarkeit zu tun – Dankbarkeit dafür, aus Missgeschicken zu lernen, Dankbarkeit dafür, die Prioritäten im Leben immer wieder neu überdenken zu können, und Dankbarkeit für viele Momente bisheriger Glückserlebnisse, die viele Menschen entweder kaum noch wahrnehmen oder als selbstverständlich ansehen. Dankbar für gute Freunde zu sein, dankbar für Lebenserfahrungen und glückliche Kindheitsmomente zu sein, dankbar für einen zuverlässigen Lebenspartner oder eine Arbeitsstelle zu sein, das tägliche Essen, die Staatsform einer gelebten Demokratie, das Wahlrecht, das Recht auf freie Meinungsäußerung oder dankbar für die Existenz eines Auffangnetzes in besonderen Notlagen zu sein – etwas, was es in vielen anderen Ländern in dieser Form nicht gibt!

Kinder, die in einer häuslichen Atmosphäre von Optimismus aufwachsen, lernen dadurch immer wieder aufs Neue, dass es stets konstruktive Formen gibt, Probleme, Schwierigkeiten und Herausforderungen im Leben als besonders herausfordernde Aufgaben zu verstehen und zielperspektivisch geprägte Visionen zu entwickeln, um dann mit gebündelter Kraft und einer geplanten Vorgehensweise die Lösungsvision umzusetzen.

Dazu brauchen Kinder besonders Erwachsene, die eine grundsätzliche Lebensfreude in sich tragen, kleinere und größere Alltagsprobleme als lösbare Herausforderungen einschätzen, das »Machbare« in den Mittelpunkt ihrer Betrachtungen stellen und konstruktive Gedankengänge sowie

Handlungsschritte entwickeln. Vor allem sind das Eltern, die Freude an ihrer Selbstentwicklungsfähigkeit und an Veränderungen im Leben haben – dies ist die Grundlage, um aus starren Lebenssituationen oder festen Gedankenmustern ausbrechen zu können.

## RESPEKT UND ACHTUNG (als Grundlage für den Aufbau umgangskultureller Werte)

Wenn ein Kind kritisiert wird, lernt es zu verurteilen. Wenn ein Kind angefeindet wird, lernt es zu kämpfen. Wenn ein Kind verspottet wird, lernt es, schüchtern zu sein. Wenn ein Kind beschämt wird, lernt es, sich schuldig zu fühlen.
Wenn ein Kind verstanden und toleriert wird, lernt es, geduldig zu sein. Wenn ein Kind ermutigt wird, lernt es, sich selbst zu vertrauen. Wenn ein Kind wertgeschätzt wird, lernt es, sich selbst zu schätzen. Wenn ein Kind gerecht behandelt wird, lernt es, gerecht zu sein. Wenn ein Kind geborgen lebt, lernt es, zu vertrauen. Wenn ein Kind anerkannt wird, lernt es, sich selbst zu mögen. Wenn ein Kind in Freundschaft aufgenommen wird, lernt es, in der Welt Liebe zu finden.
*Text über dem Eingang einer tibetischen Schule*

Kinder besitzen ihre eigene Art des Denkens, ihre eigenen Gefühle und ihre eigenen Handlungsstrategien, um ihre jeweiligen Ziele zu erreichen. Insofern unterscheiden sie sich in keinerlei Weise von Erwachsenen. Zum Problem wird allerdings, dass Erwachsene fast immer meinen, ihre Kinder müssten doch »eigentlich« in gleicher, zumindest aber in sehr ähnlicher Art denken, fühlen und handeln. Das wiederum ist nur in den wenigsten Fällen zutreffend. Und wenn die Schere zwischen elterlichen Erwartungen und kindspezifischen Ausdrucksweisen zu weit auseinandergeht, ziehen Eltern oftmals ihre »pädagogischen Trümpfe« aus den Hemdsärmeln und konfrontieren Kinder beispielsweise mit folgenden Äußerungen:

»Mein lieber Freund, mach mal ruhig so weiter – du wirst schon sehen, was du davon hast.«
»Du hast wohl gerade deine wilden fünf Minuten. Wenn der Anfall vorbei ist, sag Bescheid.«
»Erst haust du rein wie ein Scheunendrescher und jetzt trinkst du wie ein Loch. Du platzt mal sicher aus allen Nähten – doch wenn du das willst, dann mach ruhig weiter so.«
»Was haben wir nicht alles bei dir versucht? Nichts hat auch annähernd nur ein wenig Erfolg gebracht. Und jetzt das noch. Das scheint der Dank für all unsere Bemühungen zu sein.«
»Wenn wir dir das aufzwingen, dann weißt du doch genau: Wir wollen nur dein Bestes! Später wirst du uns einmal dankbar dafür sein.«
»Kinder müssen früh ins Bett und brauchen ihren Schlaf, um morgens fit für das Leben zu sein.«
»Große Leute haben große Rechte und kleine Kinder haben kleine Rechte.«
»Wer nicht hört, muss fühlen. Das kommt davon, wenn man nicht hören will.«
»Tu nicht so unschuldig, mein Fräulein – du weißt genau, worum es geht.«
»Wie du wieder aussiehst – da muss man sich ja schämen, neben dir zu gehen.«

Es gibt viele dieser »Sprüche«. Sie alle zielen darauf ab, Kindern bestimmte Grenzen aufzuzeigen und ihnen deutlich zu machen, dass sie mit ihren Vorstellungen neben der Spur gelegen haben bzw. falsch liegen. Ohne Frage brauchen Kinder Orientierungspunkte in ihrem Leben – doch diese ergeben sich an erster Stelle aus einer elterlichen Vorbildfunktion und zweitens durch eine respektvolle Gesprächskultur mit Kindern. Die oben genannten Äußerungen zeichnen sich hingegen durch Respektlosigkeit, Häme und Machtgebaren aus, die Kinder vielmehr entmutigen als aufbauen. Respekt und Achtung den Kindern gegenüber zu zeigen heißt praktisch vor allem:

- immer wieder auf jegliche Besserwisserei zu verzichten und stattdessen mit Kindern auf die Suche nach Problemlösungen zu gehen;
- auf jegliche Form von Ironie zu verzichten, weil Kinder diese Art der Kommunikation nicht verstehen und daher auch nicht entschlüsseln können;
- immer wieder das Kind mit seinen Entwicklungsmöglichkeiten zu sehen und nicht an seinen Schwächen zu messen;
- Bloßstellungen des Kindes in jeglicher Form zu vermeiden – sei es, dass Eltern mit Nachbarn, Freunden oder dem Kinderarzt im Beisein des Kindes negative Dinge über das Kind berichten, oder sei es, dass Kinder sich in anderer Form in ihrer Würde verletzt fühlen (beispielsweise durch verniedlichende Kosenamen);
- das Kind als individuelle Persönlichkeit zu betrachten und nicht mit Geschwister-, Nachbars- oder Kindergartenkindern zu vergleichen;
- Gefühle der Kinder grundsätzlich ernst zu nehmen und sich nicht über Kindergefühle hinwegzusetzen;
- dem kindlichen Spiel eine außergewöhnlich große Bedeutung beizumessen, im Wissen darüber, dass eine in Kindern gut entwickelte Spielfähigkeit auch eine Schulbereitschaft zur Folge hat;

- die Welt der Kinder immer und immer wieder aus der Sichtweise von Kindern verstehen zu wollen, damit Kinder sich zu Recht ernst genommen fühlen und nicht infolge einer erlebten Geringschätzung verzweifeln oder resignieren;
- sich selbst im Kind zu sehen und die Frage an sich selbst zu stellen, was einem selbst als Kind in dieser Situation guttun würde bzw. gutgetan hätte!

Respekt und Achtung prägen eine wertschätzende Grundlage für eine angenehm erlebte, entwicklungsförderliche Kommunikation für beide Seiten. Eltern, die mit ihrem Kind von Anfang an (!) respektvoll und mit Achtung umgegangen sind, werden auch immer ihre Kinder als respektvolle Kommunikationspartner erleben.
Kinder brauchen daher Erwachsene, die vor allem den lebensbedeutsamen, kulturellen Umgangswerten hohe Priorität im Umgang mit sich und anderen beimessen und gleichzeitig bereit sind, weniger das Ziel von »gehorsamen und artigen« Kindern im Auge zu haben, als vielmehr die Ziele »Selbstständigkeit der Kinder, Lebensfreude und soziale Verantwortung« zu verfolgen.

# Worauf Eltern achten sollten

Ein Kind – ermutigt zum Wagnis, es lernt, zu vertrauen.
Ein Kind – in seinem Einsatz beachtet, es lernt, andere zu schätzen.
Ein Kind – fair als Partner behandelt, es lernt, gerecht zu sein.
Ein Kind – beschützt in der Verlässlichkeit seiner Welt, es lernt den Glauben an das Gute.
Ein Kind – angenommen in gegenseitiger Anerkennung, es lernt, sich für wertvoll zu halten.
Ein Kind – geborgen in Freundlichkeit und Zuneigung, es lernt, die Liebe in der Welt zu entdecken.
*Verfasser unbekannt*

Max Frisch hat sich in seinen vielen Schriften mit der Frage nach der *Identität* des Menschen und dem Umgang mit seiner Welt auseinandergesetzt. In seinem ersten Tagebuch (1946–1949) schrieb er unter anderem: »Auch wir sind die Verfasser der anderen; wir sind auf eine heimliche und unentrinnbare Weise verantwortlich für das Gesicht, das sie uns zeigen …«
Dieser Satz trifft mit seiner Bedeutung genau die hohe Verantwortung der Eltern. Gleich den Verfassern von Büchern, die ihre Gedanken schwarz auf weiß zu Papier bringen, haben auch Eltern mit ihrer Persönlichkeit und ihren besonderen Persönlichkeitsmerkmalen eine immer existierende, prä-

gende (Aus-)Wirkung auf Kinder. Entsprechend einer Grundlage aus der Kommunikationspsychologie, dass sich der Mensch nämlich »nicht nicht verhalten« kann, bringen sie ihren Einfluss körpersprachlich und verbal ins alltägliche Interaktionsgeschehen mit Kindern ein – wirkend und ständig Einfluss nehmend! Und damit sind Kinder mit ihren Verhaltensweisen auch (und immer) ein Spiegelbild ihrer erlebten Umgebung. Insoweit überrascht es nicht, wenn der bekannte Psychoanalytiker Carl Gustav Jung die folgende Forderung aufstellte: *»Wenn wir bei einem Kind etwas ändern wollen, sollten wir zuerst prüfen, ob es sich nicht um etwas handelt, das wir an uns selbst ändern müssen.«*
Ein Satz, der von hoher Aussagekraft ist und dennoch häufig in der elterlichen Pädagogik außer Acht gelassen wird. So sind Eltern durch ihre (geschichtlich zurückliegende und darin begründete) Profession gewohnt, Entwicklungsziele für Kinder zu formulieren: Sie versuchen immer wieder durch ihre pädagogische Einflussnahme dafür zu sorgen, dass Kinder beispielsweise die Mühe auf sich nehmen,

- sich auf unterschiedlichste Herausforderungen im häuslichen Alltag, im Kindergarten oder in der Schule einzulassen;
- Wesentliches von Unwesentlichem unterscheiden zu lernen, um sich aus elterlicher Sicht den »bedeutsamen Dingen des Lebens« zuzuwenden;
- sich selbst und ihre Handlungstätigkeiten genau anzuschauen, um zu überprüfen, welcher Handlungsschritt günstig oder ungünstig war;
- ihre Handlungen durch Versuch und Irrtum immer wieder neu einzurichten und zu gestalten;
- neue Einsichten zu verinnerlichen, unbrauchbare Strategien zu verwerfen und sich den Herausforderungen der Zeit und der Welt zu stellen.

Doch gerade an dieser Stelle sei darauf hingewiesen, dass Entwicklung nur dort geschehen kann, wo Erwachsene die für Kinder formulierten Ziele zunächst immer zu eigenen Zielsetzungen erklären, getreu dem Motto: »Nur was ich selbst begreife, verstehe und auf mich selbst übertrage, ist ggf. dazu geeignet, als Zielsetzung für Kinder und deren Entwicklungsprozess tauglich zu sein.«
Gleichzeitig wird es in der heutigen Zeit gerade auch für berufstätige Eltern immer schwieriger, sowohl die vielfältigen, alltäglichen Aufgaben des Lebens zu bewältigen als auch berufliche Anforderungen zu erfüllen und gleichzeitig eine Balance zwischen beiden Lebensfeldern herzustellen. Immer neue Herausforderungen, sowohl im häuslichen Umfeld als auch im Beruf, plötzliche Abbrüche von gewohnten Sicherheiten, der Verlust von vertrauten Situationen sowie der permanent wachsende Informationseinfluss sorgen dafür, dass die Menschen in eine immer stärker werdende Entscheidungsvielfalt hineingedrängt werden. Gleichzeitig sorgt die große Anzahl der öffentlichen und heimlichen Meinungsmacher sowie der Konsumgüterindustrie dafür, dass es immer schwieriger ist, kompetente Entscheidungen zu fällen und entwicklungsförderliche Verhaltensweisen bezüglich der eigenen Person, aber auch im Umgang mit Kindern zu zeigen. Um diesem Anspruch gerecht zu werden, bedarf es immer wieder der Fähigkeit, sich für etwas und damit auch gegen etwas zu entscheiden und sich auf gedankliche Auseinandersetzungen einzulassen und die möglichen Folgen von Handlungsentscheidungen abschätzen zu können.
Wenn der Psychologe Heiner Keupp von einer »Patchworkidentität« spricht und der Mensch als Produzent individueller Lebenscollagen gesehen wird, der sich aus den vorhandenen Lebensstilen und Sinnelementen seine eigene Biografie in einem Prozess der Auseinandersetzung mit sich und anderen zusammensetzen muss, dann besitzt diese For-

derung für Eltern mit ihrer vorhandenen Erziehungsaufgabe besondere Bedeutung. Gerade die Frage nach der eigenen Identität und ihre Klärung werden dabei hilfreich sein, Irritationen zu meistern und in der Folge Handlungsfähigkeiten zur konstruktiven Lebensgestaltung zu besitzen. Entwicklungsbegleitung von Kindern als eine zunächst eigene Persönlichkeitsbildung zu verstehen beginnt dort, wo Eltern selbst Freude und ein hohes Interesse daran haben,

- immer wieder neues, brauchbares Wissen zu erwerben und zu versuchen, ihre Erziehungspraxis mit den neu gewonnenen Informationen abzugleichen;
- neue Konfliktlösungsmöglichkeiten kennenzulernen, um weitestgehend vorurteilsfrei, offen und neugierig schwierige Situationen meistern zu wollen und gewaltfrei zu gestalten;
- an der eigenen Lern- und Lebensgeschichte zu arbeiten, um ebenso »Knackpunkte« ihrer Biografie zu entdecken wie besondere Talente und Stärken zu schätzen;
- bisher verborgene oder nicht genutzte Talente zu entdecken und auszubauen;
- wahrnehmungsoffen auf viele unbekannte Herausforderungen zuzugehen;
- sich immer wieder selbst zu motivieren, mit Engagement und Risikofähigkeit die familiäre Welt entwicklungsförderlicher für alle mitzugestalten.

Aurelius Augustinus, ein großer Kirchenlehrer, sagte einmal: »In dir muss brennen, was du entzünden willst«, und Giuseppe Mazzini, ein italienischer Politiker, vertrat die These: »Das Geheimnis des Könnens liegt im Wollen.«
Im Sinne der Selbstentwicklung wäre es für Eltern außergewöhnlich hilfreich, wenn sie

- ihr »inneres Kind« entdecken, eine eigene, intensive Lebensbetrachtung auf sich nehmen, eine Beziehung zwischen ihrer eigenen bisherigen Lebensgeschichte und ihren besonderen Handlungsmotiven den Kindern gegenüber herstellen, Sinnverbindungen entdecken und dabei erkannten Veränderungsnotwendigkeiten aufgeschlossen gegenüberstehen;
- immer wieder, auch wenn es schwerfällt, für Entspannung und Entlastung im ganz persönlichen Bereich sorgen, um Irritationen und Schwierigkeiten nicht in den familiären Bereich hineinzutragen;
- in der Auseinandersetzung mit sich selbst nicht nur ihre eigenen Stärken noch weiter stärken, sondern vor allem alles daran setzen, ihre Schwächen zu schwächen;
- von einer grundsätzlichen Auswirkung und Wirksamkeit auf die Kinder überzeugt sind;
- ihre handlungsleitenden Werte und Normen kennen, diese im Hinblick auf ihre erzieherische Zielsetzung überprüfen und sich bei Widersprüchen zwischen dem Wollen und praktischen Handeln mit sich selbst auseinandersetzen;
- eigene Standpunkte von Zeit zu Zeit überprüfen, infrage stellen und eine Bereitschaft mitbringen, neue Standpunkte zu durchdenken und ggf. zu übernehmen;
- eigene, gefühlte Verstrickungen aufgreifen und in der Lage sind, diese aufzulösen, damit persönliche Probleme nicht zu Schwierigkeiten der Kinder werden;
- selbstaktiv ihren familiären Alltag überdenken, um aus Fehlern, die fest zum Leben dazugehören, lernen zu können;
- Veränderungsansprüche an sich selbst stellen und nicht darauf warten, von anderen auf Änderungsnotwendigkeiten angesprochen zu werden;
- immer wieder Visionen für Handlungsvorhaben entwi-

ckeln und aktiv dazu beitragen, dass Visionen zu einer neuen Wirklichkeit werden können;

- Uneindeutigkeiten im sprachlichen und handlungsorientierten Bereich vermeiden und stattdessen durch Gradlinigkeit für »Klarheit in der Sache« sorgen;
- sich in ihren Umgangswerten an entwicklungsförderlichen Umgangsformen orientieren (zum Beispiel Aufgeschlossenheit für Menschen, Probleme und Situationen zeigen, festgefahrene Meinungen entdecken und auflösen wollen);
- Spannungen und Irritationen in der familiären Beziehung bemerken, diese aufgreifen und mit den Beziehungspartnern klären;
- gemeinsam getroffene Absprachen konstant einhalten und erst dann verändern, wenn neue Absprachen die alten Regelungen aufgehoben haben;
- durch ihr Zugewandtsein und ihre Aufgeschlossenheit dazu beitragen, dass sich Kinder persönlich angenommen fühlen – eine Voraussetzung für eine entwicklungsförderliche Umgangskultur.

Dreh- und Angelpunkt für all diese zunächst persönlichkeitsbildenden und dann daraus entstehenden erzieherischen Herausforderungen ist die Motivation (lateinisch »movere« = in Bewegung setzen, bewegen). Dabei muss dieser Begriff unter zwei Aspekten verstanden werden: Einerseits geht es um die Eltern selbst, die sich in Bewegung setzen, um ein Ziel erreichen zu wollen, andererseits geht es um den Umstand selbst, die anstehende Situation, in die eine Bewegung hineingetragen werden soll.
Jeder Motivation liegt ein Motiv zugrunde, und dabei stellt sich die Frage, ob das Motiv selbst für die Person so bedeutsam ist, dass sie in sich einen Bewegungswunsch spürt und entsprechende Handlungsschritte unternimmt. Jedes Motiv

wird von uns Menschen mit einer Bedeutung versehen – dabei reicht die Bandbreite der eigenen Einschätzung von »bedeutungslos«, um selbst aktiv zu werden, bis hin zur »bedeutungsvollen Einschätzung«, gar nicht anders handeln zu können, als ein Höchstmaß an Aktivität und Engagement zu zeigen. Elterliche Kompetenz ist dabei immer mit einer »intrinsischen Motivation« verbunden – also einem Handlungsbedürfnis, das durch die Person selbst entsteht. In der Erziehungspsychologie spricht man von der »Motivation im Sinne einer Eigensteuerung«, ausgelöst durch die Neugierde, etwas bewirken zu wollen, durch die Freude, etwas bewirken zu können, und das eigene Interesse, einen Arbeitserfolg im Sinne der Aufgabenstellung zu erreichen. Sie entsteht vor allem dann, wenn

- überhaupt ein *eigenes Ziel* formuliert und verfolgt wird;
- sich die Eltern, die das selbst gesteckte Ziel erreichen möchten, auch wirklich ohne Einschränkung mit diesem identifizieren können;
- persönliche Fähigkeiten den Herausforderungen entsprechen bzw. dafür gesorgt wird, entsprechende Fähigkeiten zu entwickeln;
- bei der Annahme der Herausforderung gleichzeitig alte, bekannte und bisherige Fähigkeitsgrenzen überschritten und dabei völlig neue Erfahrungen bemerkt werden;
- die Zielerreichung nach eigener Einschätzung durch den ganz persönlichen Einsatz möglich geworden ist.

Diese Merkmale führen offensichtlich dazu, dem Gelingen der Tätigkeit eine immer größere Bedeutung beizumessen und den Zielerfolg auch als einen ganz persönlichen Entwicklungsfortschritt zu feiern. Dabei ist es hilfreich, wenn immer wieder neue Herausforderungen gesucht, an- und aufgenommen werden, um den Prozess der Selbstmotivation zu stabilisieren. Durch diese immer zufriedener machende Erfahrungsvielfalt verändern sich schließlich *Einstellungen* (»Ich kann etwas bewirken« statt »Was kann ich schon Großes ausrichten!«), *Erwartungen* (»Was will ich tun, damit sich Änderungen ergeben?« statt »Was müssen erst die anderen tun, damit das Ganze auch eine Aussicht auf Erfolg hat?«), *Annahmen* (»Alles ist möglich, auch schwere Aufgaben sind zu meistern« statt »Diese Anforderung übersteigt meine Kompetenz und fordert zu viel Kraft von mir«) und *Glaubenssätze* (»Ich glaube an meine Fähigkeiten und Talente« statt »Dieser Arbeitsanforderung bin ich bei Weitem nicht gewachsen«).

Es geht also darum, die vielfältigen Möglichkeiten eigener Handlungsressourcen zu entdecken, wahrzunehmen und in geplante Tätigkeitsversuche umzusetzen statt den Status quo zur festen, starren Größe der eigenen Persönlichkeitsstruktur zu erklären. Eine wirklich neue Umgangs- und Erziehungskultur kann sich nur dort entwickeln, wo bisher unentdeckte »Spielräume« genutzt und eine neue mentale Landkarte des eigenen Lebensterritoriums entworfen, entwickelt und genutzt wird.

# Ausgewählte Strategien auf den Punkt gebracht

Du hast mir das Lachen und die Freude gezeigt,
mich vom Stillstand befreit.
Du hast mir Geborgenheit und Sicherheit gegeben,
hast mir gezeigt, wie es ist, zu leben.
Du hast in mir Zuversicht, Hoffnung, Ziele und Staunen geweckt,
hast gemeinsam mit mir die vielen eigenen, verborgenen Talente entdeckt.
Und dafür liebe ich Dich.
*Siegfried Mayer*

Auf der Grundlage heutiger Kindheitsdaten, die verdeutlichen, dass Kinder offensichtlich immer weniger »Kraftnahrung für ihre seelische Stabilität« als nötig erhalten, und in Anbetracht der Tatsache, dass Kinder ganz bestimmte Fähigkeiten brauchen, um ihr Leben weitestgehend selbstständig, unabhängig und sozial verantwortungsvoll zu gestalten, ergeben sich für Eltern unterschiedliche Herausforderungen, um Kindern beim Aufbau ihres »Seelenproviants« hilfreich zur Seite zu stehen.
Aus diesem Grund sollen an dieser Stelle die wesentlichen entwicklungsförderlichen Strategien genannt werden, damit Kinder zu ihrer Persönlichkeitsentwicklung finden können. Dabei gibt die Reihenfolge der Empfehlungen keine Rangfolge einer Wertigkeit wieder.

- Kinder brauchen Erwachsene, die ihnen als realistisches Vorbild dienen können. Damit ist gemeint, dass Eltern sich mit ihren Stärken und Schwächen den Kindern zeigen, in der Lage sind, sich anzustrengen, und diese Anstrengungsbereitschaft zum Beispiel beim Versuch, Ziele zu erreichen, auch vor ihren Kindern äußern, und erläutern, warum es sich lohnt, Ziele zu haben.

- Kinder brauchen Erwachsene, die bereit sind, auch vor Kindern nicht nur über ihre Erfolge zu sprechen, sondern auch ihre Misserfolge zu thematisieren und ihre Traurigkeit darüber auszudrücken. Sie brauchen Erwachsene, die nach Gründen ihres Scheiterns suchen und neue Handlungsstrategien entwerfen, um bei einem weiteren Anlauf »die Sache in den Griff« zu bekommen.
- Kinder brauchen Erwachsene, die ihre Gefühle ausdrücken – Freude, Trauer, Angst und Ärger –, sodass Kinder immer wieder erleben können, dass Gefühle ein fester Bestandteil des Lebens sind. Dabei kommt es darauf an, die eigenen Gefühle in dem Maße zu steuern und mit ihnen so umzugehen, dass Kinder auch in solchen emotional besetzten Situationen erfahren: Gefühle haben eine Ausdrucksberechtigung. Allerdings dienen Gefühle weder dazu, sich selbst zu bemitleiden noch in eine Gefühlsgefangenschaft zu geraten oder Gefühle gegen Sachen, Tiere oder Menschen zu richten. Diese Form der Selbststeuerung, die Erwachsene beherrschen sollten, zeigt Kindern, warum und wie es möglich ist, dass Gefühle in den allermeisten Fällen »handhabbar« sind und sich nicht wie ein Feuersturm unkontrolliert ausbreiten können. Diese Erfahrung zeigt Kindern: Nicht die Gefühle beherrschen den Menschen unkontrolliert, sondern der Mensch kann in hohem Maße seine Gefühle aktiv steuern.
- Kinder brauchen Erwachsene, zu denen Kinder sich hingezogen fühlen und bei denen sie den Wunsch haben, bezüglich ganz bestimmter Verhaltensweisen einmal so zu sein bzw. zu werden wie Mama oder Papa. Das bedeutet nicht, denselben Beruf oder dieselben Angewohnheiten zu übernehmen. Vielmehr geht es um entwicklungsförder-

liche Merkmale wie beispielsweise Freundlichkeit, Aufgeschlossenheit, Neugierde, Erkundungsinteresse, Mitgefühl, Ausdauer oder Mut und Risikofreude.

- Kinder brauchen Erwachsene, die immer wieder an den Entwicklungsfortschritten der Kinder Anteil nehmen und ihre Freude darüber ausdrücken, was Kinder alles können und dass sie in der Lage sind, neue Handlungsstrategien umzusetzen. Vielfältige Beobachtungen zeigen demgegenüber leider vermehrt die »Vorliebe« der Erwachsenen, Kinder zu kritisieren und sie auf Missgeschicke und ihr Unvermögen aufmerksam zu machen. Anstelle des Ansatzes, Schwächen der Kinder schwächen zu wollen, sollte es vor allem darum gehen, Stärken der Kinder wahrzunehmen und diese durch Ansprache weiter zu stärken.
- Kinder brauchen Erwachsene, die in der Lage sind, bindungsintensive Beziehungen anzubieten – beispielsweise durch intensives, Zeit umfassendes Zuhören, ein wahrnehmungsoffenes und wertschätzendes Auswerten von Situationen und Ereignissen oder ein überwiegend freundliches Zugewandtsein.
- Kinder brauchen Erwachsene, die eine gute Authentizität (= ein stimmiges Verhalten zwischen dem eigenen Fühlen, Denken und Handeln) besitzen und im Umgang mit Kindern zum Ausdruck bringen. Viele Kinder scheinen einen »siebten Sinn« dafür zu besitzen, ob das, was Erwachsene sagen, auch wirklich ihrem Fühlen und Denken entspricht. Widersprüchliche Signale irritieren Kinder und führen nicht selten dazu, dass Kinder »auf der Hut« sind, selbst ehrlich und damit authentisch zu sein. Sie »denken sich ihren Teil« und sind, je jünger an Jahren, kaum in der Lage, gespürte Widersprüche zu thematisieren. Das Einzige, was Kinder dann merken, ist, dass »da etwas nicht stimmt«.

- Kinder brauchen Erwachsene, die sowohl in die Gestaltung ihres eigenen Alltags als auch in die Tagesgestaltung mit Kindern sichere Abläufe und feste Strukturen integrieren, ohne dabei starre Mechanismen zu pflegen. Kinder brauchen zur Einschätzung von Situationen sogenannte Eckpunkte bzw. Orientierungswerte im Tagesgeschehen – beispielsweise eine feste Frühstücks- oder Abendbrotzeit, feste Verbindlichkeiten bei der Haushaltsmithilfe (zum Beispiel Mithilfe beim Tischdecken, Abräumen, bei der Versorgung der Haustiere, beim Zimmeraufräumen, in der Mitarbeit bei der Gartenpflege), feste Spielzeiten am Abend, feste Zu-Bett-Geh-Zeiten oder feste Zeiten, um die schulischen Hausaufgaben zu erledigen. So wichtig es für Kinder ist, beziehungsnahe Personen in ihren Verhaltensweisen einschätzen zu können, so bedeutsam ist es auch für sie, sich anhand verlässlicher Strukturen im Alltag orientieren zu können. Nichts irritiert Kinder mehr als die Erfahrung: »Alles ist im Fluss«.
- Kinder brauchen Erwachsene, die ihnen eine reichhaltige, abwechslungsreiche und lebendige Umgebung anbieten, in der Kinder immer wieder selbst aktiv werden können. Sei es eine Werkecke oder ein Werkraum im Keller oder seien es umfeldnahe Ausflüge, seien es immer wieder interessante Spiele oder andere gemeinsame Aktivitäten. Dieser Punkt darf nicht missverstanden werden. Hier geht es nicht um immer neues Spielzeug, sodass vielleicht das Kinderzimmer immer stärker einem Spielzeugladen ähnlich wird. Hier hat sich nach wie vor die Forderung durchgesetzt, dass »weniger mehr ist«. Vielmehr brauchen Kinder immer wieder Anregungen, um Neues in ihrem Leben und damit in ihrem Umfeld wahrzunehmen.
- Kinder brauchen Erwachsene, die ein hohes Interesse da-

ran haben, ihre Kinder an wichtigen Entscheidungen teilhaben zu lassen. Teilhabe bedeutet Mitsprache, nicht Bestimmung! Selbstverständlich geht es bei diesem Punkt nicht darum, dass Kinder selbstständig weitreichende Entscheidungen treffen können – beispielsweise bei der Frage der Einschulung, der Verteilung des Haushaltsbudgets, der Festlegung von Urlaubszielen oder der Zu-Bett-Geh-Zeit. Kinder an Entscheidungen teilhaben zu lassen, umfasst das Recht (und die Pflicht) von Kindern, sich bei bzw. zu anstehenden Vorhaben zu äußern und ihre Meinung kundzutun. Dies kann nur gelingen, wenn Erwachsene den Wunsch haben, Kinder zu beteiligen, ihre Vorstellungen und Ideen hören zu wollen und die Ideen der Kinder mit in ihre anstehende Entscheidung einzubeziehen. Häufig äußern Kinder Bedenken oder bringen Einwürfe ein, die Anlass für neue Überlegungen sein können.

- Kinder brauchen Erwachsene, die ihre eigenen persönlichen oder beruflichen Probleme nicht zu denen der Kinder machen. Hier haben Eltern zwischen ihrer Person- und Elternrolle zu unterscheiden! Wenn ein Elternteil beispielsweise mit einer bestimmten Erzieherin oder Lehrkraft des Kindes persönliche Differenzen hat, versteht es sich von selbst, dass diese nicht automatisch zum Problem des Kindes gemacht werden (indem das Kind negativ beeinflusst wird).
- Kinder brauchen Erwachsene, die immer wieder optimistisch in die Zukunft schauen, getragen von der Hoffnung, alles werde sich zum Guten wenden.
- Kinder brauchen Erwachsene, die zuallererst Kinder nicht nach dem beurteilen, was sie *nicht* können, sondern die ihnen immer wieder hilfreich zur Seite stehen, erreichbare Ziele zu entdecken und so zu gestalten, dass diese auch erreicht werden können.

- Kinder brauchen Erwachsene, die Kinder darin unterstützen, aufgetretene Schwierigkeiten lösungsorientiert zu betrachten.
- Kinder brauchen Erwachsene, die ihnen eine ehrliche und intensive Aufmerksamkeit schenken, sich ihren Tätigkeiten immer wieder aufs Neue zuwenden und nicht den permanenten Versuch unternehmen, Kinder auf ihre Sichtweisen einzustimmen und herüberzuziehen.
- Kinder brauchen Erwachsene, die ihnen die Möglichkeit einräumen, immer wieder die Erfahrung machen zu dürfen: »Ich bin wer! Ich kann was! Es ist gut, dass es mich gibt!«
- Kinder brauchen Erwachsene, die eine grundsätzliche Bereitschaft aufbringen, den Sinn und die Bedeutung von bisher festgesetzten Regeln kritisch zu betrachten, bezogen auf die Fragestellung, ob diese oder jene Regel einen Sinn hat, einen Sinn gehabt hat oder in Zukunft einen Sinn haben wird. Dabei kommt es vor allem darauf an, die folgende Frage ehrlich zu beantworten: Wem dient die Regel wirklich: der Entwicklung des Kindes oder dem eigenen Ruhebedürfnis, der Ressourcenerweiterung kindlicher Talente oder dem eigenen Stolz, sich selbst über das Kind zu definieren? Unabhängig davon haben entwicklungsförderliche Regeln einen Sinn – ohne sie käme es schnell zu einem allgemein irritierenden Chaos.
- Kinder brauchen Erwachsene, die für ein Umgangsklima der Freundlichkeit, der Aufgeschlossenheit und der Gelassenheit sorgen, um Beziehungskämpfe, Frontalangriffe, Grabenkämpfe oder Machtdemonstrationen überflüssig werden zu lassen. Das bedeutet nicht, auf Folgen beinhaltende Konsequenzen in der Entwicklungsbegleitung von Kindern zu verzichten! Ein entscheidender Faktor lautet immer noch: »Der Ton macht die Musik!« Und Eltern, die die Trommel schlagen oder die Trompete

in den höchsten Tönen spielen, sind genauso wenig als Begleitmusik in einer Auseinandersetzung geeignet wie vorsichtig zupfende Harfenspieler.

- Kinder brauchen Erwachsene, die Zuverlässigkeit an den Tag legen und Versprechungen einhalten.
- Kinder brauchen Erwachsene, die kindliche Missgeschicke nicht vor anderen Personen thematisieren, in einer epischen Breite ausführlich erläutern und damit den Kindern das Gefühl vermitteln, sie seien »vor Gericht« und würden am liebsten »im Erdboden versinken«.
- Kinder brauchen Erwachsene, die sich selbst immer wieder an vielfältige Situationen ihrer eigenen Kindheit zurückerinnern und sich dabei fragen: Wie angenehm oder unangenehm habe ich damals diese Situation erlebt? Was konnte ich daraus lernen und was hat dieses Ereignis dazu beigetragen, dass ich so werden konnte/musste, wie ich heute bin? Und schließlich taucht die Frage auf: Wird das, was ich getan habe bzw. tue, meinem Kind helfen, sich weiterentwickeln zu können hinsichtlich der drei folgenden großen Ziele der Pädagogik?

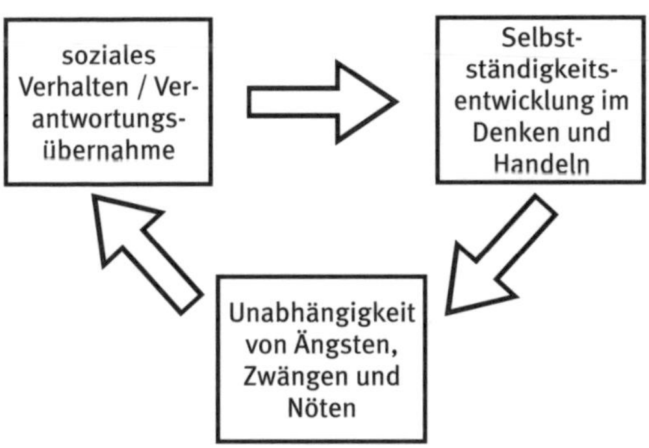

- Kinder brauchen Erwachsene, die sich in Kinder, in ihre aktuellen Gefühle hineinversetzen können, die versuchen zu verstehen, was Kinder belastet, um ihnen das Gefühl zu vermitteln: »Ich bin auf deiner Seite. Ich fühle mit, wie es dir in diesem Augenblick ergehen muss, und ich glaube fest daran, dass du zum jetzigen Zeitpunkt ein Recht darauf hast, *so* zu sein.« Gerade Leid will (mit-)geteilt werden, zumal »geteiltes Leid« als »halbes Leid« empfunden wird.
- Kinder brauchen Erwachsene, die Gerechtigkeit und Fairness in problembesetzten Situationen walten lassen, die Sichtweisen sorgsam (und nicht vorschnell) abwägen und keinen Wert darauf legen, »Sieger« oder »Gewinner« zu sein.
- Kinder brauchen Erwachsene, die sich ihrer Verantwortung als Vorbild stärker bewusst sind als der Wirkung ihrer Worte, die in den vielfältigsten Alltagssituationen wirksam sind, und die vor allem ihre eigene Lebensfreude immer wieder aufs Neue zum Ausdruck bringen.

Nun kann es sein, dass sich Eltern von dieser Aufzählung regelrecht »erschlagen« fühlen und sich fragen, welche »Übermenschen« sie beim Anblick dieser Liste sein sollten. Doch soll an dieser Stelle eine Gegenfrage erlaubt sein: Ist das, was hier aufgeführt ist, wirklich mit allzu hohen Ansprüchen versehen? Ist es nicht eher so, dass diese Anforderungen das Natürlichste dieser Welt sind? Und kann es vielleicht sein, dass viele Eltern in Kenntnis ihrer persönlichen Besonderheiten selbst immer schwerer an eigene Entwicklungsmöglichkeiten glauben? Kein Wissenschaftler, kein Entwicklungspsychologe und kein Elternratgeber wird jemals die Forderung erhoben haben oder erheben, bestimmte Anforderungen »von heute auf morgen« zu erfüllen. Eine solche 24-Stunden-Selbsttherapie gibt es nicht! Vielmehr

geht es darum, sich Tag für Tag ganz kleine, erreichbare Ziele zu setzen und selbst dafür zu sorgen, dass Minimalziele mit der Zeit zu einem großen, erreichbaren und schließlich erreichten Ziel werden können.
Die ganze Kunst der elterlichen Selbstentwicklung liegt häufig in drei Herausforderungen. Zum Ersten ist es der innere Wunsch, wirklich etwas in sich bzw. an sich verändern zu wollen – und nicht an der Verhaltensweise von Kindern. Zum Zweiten ist es die Bereitschaft, Selbstverantwortung zu übernehmen – und nicht als Verantwortung an außen stehende Personen oder Institutionen zu delegieren. Und zum Dritten ist es der Glaube an sich selbst, sich verändern zu können.
Dazu gibt es ein altes orientalisches Märchen, das von den alten Göttern zu Zeiten der Welterschaffung berichtet. Diese versuchten zu entscheiden, wo sie die ungeheure Kraft des Weltalls am besten verstecken sollten, damit die Menschen diese Kraft nicht finden könnten. Sie waren davon überzeugt, dass die Menschen diese Kraft des Weltalls, falls sie diese entdecken würden, sicherlich zerstörerisch verwenden würden.
Ein Gott sagte: »Lass sie uns auf dem höchsten Gipfel des Berges verstecken.« Aber sie entschieden, dass der Mensch schließlich den höchsten Berg ersteigen und die große Kraft finden würde. Ein anderer Gott sagte: »Lass uns die Kraft des Weltalls auf dem Grund des Meeres verstecken.« Wiederum entschieden sie, dass der Mensch schließlich auch die Tiefe der See erforschen würde. Ein dritter Gott schlug vor: »Lass uns die Kraft des Weltalls in der Mitte der Erde verstecken.« Aber sie mutmaßten, dass der Mensch eines Tages auch diese Region erobern würde. Schließlich sagte der weiseste Gott der Götter: »Ich weiß, was zu tun ist. Lasst uns die Kraft des Universums im Menschen selbst verstecken, in seinem Inneren. Er wird niemals daran denken, dort danach

zu suchen.« Also versteckten sie tatsächlich die Kraft des Universums im Menschen selbst, ganz tief im Inneren des Menschen, wo sie bei vielen heute noch liegt.
Vielleicht ist es in diesem Zusammenhang auch hilfreich, sich an die Worte von Catharina Elisabeth Goethe, der Mutter von Johann Wolfgang von Goethe, zu erinnern:

**Rezeptvorschlag für ein ganzes Jahr**

Man nehme 12 Monate, putze sie ganz sauber von Bitterkeit, Geiz, Pedanterie und Angst und zerlege jeden Monat in 30 oder 31 Teile, sodass der Vorrat genau für 1 Jahr reicht. Es wird jeder Tag einzeln angerichtet aus 1 Teil Arbeit und 2 Teilen Frohsinn und Humor. Man füge 3 gehäufte Esslöffel Optimismus hinzu, 1 Teelöffel Toleranz, 1 Körnchen Selbstironie und 1 Prise Takt. Dann wird die Masse sehr reichlich mit Liebe übergossen! Das fertige Gericht schmücke man mit Sträußchen kleiner Aufmerksamkeiten und serviere es täglich mit Heiterkeit und einer guten erquickenden Tasse Tee ...

# Nachwort

**Berühr mich. Treib mich an. Raub mir den Schlaf.**
**Schenk mir Freiheit. Zeig mir Wildnis. Reiß mich mit.**
**Entführ mein Herz. Verschwende meinen Atem. Schütz mein Leben.**
**Trockne meine Tränen.**
**Teile mein Glück. Liebe mich.**
*Tim Jacobs*

Bildungsentwicklung ist nicht nur der Kern einer ständigen Persönlichkeitsentwicklung, in der es darum geht, alle eigenen Talente und Entwicklungsressourcen möglichst vollständig zu entwickeln und das in uns liegende kreative Potenzial auszuschöpfen – einschließlich der Verantwortung für unser eigenes Leben und der Erreichung persönlicher Ziele, sondern auch eine selbstverantwortliche Aufgabe: nämlich die an Kinder gerichteten Bildungsziele stets mit Selbstbildungsanforderungen zu verbinden. Pestalozzi hat es einmal so formuliert: »Erziehung ist Liebe und Vorbild. Sonst nichts!« Etwas abgewandelt könnte die aktualisierte Form dieser Aussage lauten: »Bildung ist Selbstbildung und Modell. Sonst nichts.«
Konkret auf den Punkt gebracht könnte dies im Einzelnen bedeuten: Entwicklungsarbeit im Elternhaus beginnt dort, wo Eltern selbst Freude daran haben, immer wieder neues Wissen zu erwerben, vertiefende Kenntnisse zu gewinnen, Lernherausforderungen aktiv und selbstmotiviert aufzusuchen und Handlungskompetenzen aufzubauen bzw. zu erweitern, Konfliktkompetenzen zu erwerben, um vorurteilsfrei, offen und neugierig schwierige Situationen zu meistern, Interesse an der eigenen Lern- und Lebensgeschichte zu zei-

gen, bisher verborgene Talente zu entdecken und neu zu nutzen, weltoffen auf alles Unbekannte zuzugehen und sich immer wieder selbst zu motivieren und die Welt mit Engagement und Risikofähigkeit human mitzugestalten. So ist die elterliche Identität und Stimmigkeit (Authentizität) stets verantwortlich für die vielfältigen Entwicklungsmöglichkeiten der Kinder.

Die persönliche und damit auch die elterliche Identität entwickelt sich im (selbst-)kritischen Umgang mit den Anforderungen an sich selbst. So geht es beispielsweise darum, immer wieder selbstreflexiv die eigene Lebensgeschichte zu verstehen und in Verbindung mit dem derzeitigen Elternverhalten in Beziehung zu setzen, um festzustellen, welche Handlungsmomente konstruktiv und welche destruktiv waren bzw. sind. Dazu gehört unter anderem eine ausgeprägte Dialogfähigkeit, um mit sich in den unterschiedlichsten Lebens- und Verhaltenssituationen in Selbstbetrachtungen und -verhandlungen einzutreten. Hier heißt es dann, immer wieder neue, lebendige Entwicklungsfelder für sich und Kinder zu entdecken, Entwicklungschancen zu nutzen und Fehlentwicklungen durch neue Handlungsstrategien zu ersetzen.

In einem stets wiederkehrenden Klärungsprozess müssen unterschiedliche Erwartungen und Anforderungen, die man selbst an sich (zu haben) hat und die von außen kommen, auf ihre Existenzberechtigung hin überprüft werden. Es müssen Widersprüche entdeckt und geklärt, rigide, festgefahrene und kontraproduktive Verhaltensmuster herausgefunden und verändert werden, Auseinandersetzungen mit sich und anderen geführt, Stellung bezogen, Entscheidungen verantwortet, korrigiert bzw. durchgehalten, Selbstaktivität gezeigt, Standpunkte vertreten, Lernmöglichkeiten gesucht, Selbstverantwortung übernommen und neue Handlungsstrategien ausprobiert werden.

Weiterhin geht es darum, Vermutungen über Kinder und deren Verhaltensweisen sowie Vorurteile zurückzustellen und stattdessen Wahrnehmungsoffenheit für Realitäten zu entwickeln, Lernanregungen selbst zu bemerken und Lernräume für sich zu gestalten sowie Handlungsalternativen für die Situationen zu finden, in denen die bisher bekannten Möglichkeiten im Sinne einer tatsächlichen Lösung nicht ausreichten.

Bei all den vielen Selbstentwicklungsaufgaben wird es nicht ausbleiben, dass immer wieder Identitätskrisen auftauchen. Doch gerade sie sind stets eine Chance, ein aktuelles »Chaos« als einen Neuanfang zu verstehen. So heißt es in einer fernöstlichen Weisheit: »Du musst Abschied nehmen, wenn du weitergehen willst.« Krisen und Störungen sind Wege für innovative – und damit häufig notwendige – Veränderungen!

Selbstentwicklung und Selbsterziehung führen zu einer persönlichkeitserweiternden Selbstbildung. Ein umgekehrter Weg führt zu Starrheit und Ignoranz von notwendigen Handlungsschritten.

Wenn Erwachsene den notwendigen und berechtigten Anspruch haben, Kindern in ihrer Entwicklung immer wieder neue Anstöße zu geben, sind Selbstengagement, offensives Handeln, Lebendigkeit, Lebensfreude, Optimismus und vor allem Selbstbildung unausweichlich.

**Dieser Tag ist vorüber**

Wenn der Tag vorüber ist, denke ich an alles, was ich getan habe.
Habe ich den Tag vergeudet oder habe ich etwas erreicht?
Habe ich mir einen guten Freund gemacht oder einen Feind?
War ich wütend auf alle oder war ich freundlich?
Was ich auch getan habe, es ist vorbei.
Während ich schlafe, bringt die Welt einen neuen, strahlenden Tag,
den ich brauchen kann oder vergeuden, oder was immer ich will.
Heute Abend nehme ich mir vor:
Ich werde gut sein,
ich werde freundlich sein,
ich werde etwas tun, was wert ist, getan zu werden.

*Calvin O. John*

# Literaturangaben

Auer, Wolfgang-M.: *Sinnes-Welten. Die Sinne entwickeln, Wahrnehmung schulen, mit Freude lernen*, Kösel-Verlag, München 2007

Berger, Manfred: »Sexualerziehung im Kindergarten«, in: *Kinderzeit*, Heft 4 (Dezember) 1990, S. 8–12

Bergmann, Wolfgang: *Disziplin ohne Angst. Wie wir den Respekt unserer Kinder gewinnen und ihr Vertrauen nicht verlieren,* Beltz Verlag, Weinheim/Basel 2007

Bergmann, Wolfgang, Hüther, Gerald: *Computersüchtig. Kinder im Sog der modernen Medien,* Walter Verlag, Düsseldorf 2006

Biddulph, Steve: *Das Geheimnis glücklicher Kinder,* Wilhelm Heyne Verlag, München 2007

Biddulph, Steve: *Jungen! Wie sie glücklich heranwachsen,* Wilhelm Heyne Verlag, München 2007

Bowlby, John: *Attachment and Loss*, Bd. 1: *Attachment,* Basic Books, New York, 2. Aufl. 1982

Bowlby, John: *Attachment and Loss*, Bd. 2: *Separation: Anxiety and Anger,* Basis Books, New York 1973

Bowlby, John: *Frühe Bindung und kindliche Entwicklung,* Ernst Reinhardt Verlag, München, 5. Aufl. 2005

Bowlby, John: *The Making and Breaking of Affectional Bonds,* Tavistock Publications, London 1979

Brazelton, T. Berry, Greenspan, Stanley I.: *Die sieben Grundbedürfnisse von Kindern. Was jedes Kind braucht, um gesund aufzuwachsen, gut zu lernen und glücklich zu sein,* Beltz Verlag, Weinheim, 2. Aufl. 2002

Brisch, Karl Heinz, Hellbrügge, Theodor (Hrsg.): *Die Anfänge der Eltern-Kind-Bindung. Schwangerschaft, Geburt und Psychotherapie,* Verlag Klett-Cotta, Stuttgart 2007

Bundeskuratorium: »Zukunftsfähigkeit sichern! Für ein neues Verständnis von Bildung und Jugendhilfe«, in: Münchmeier, R., Otto, H.U., Rabe-Kleberg, U. (Hrsg.): *Bildung und Lebenskom-*

*petenz. Kinder und Jugendhilfe vor neuen Aufgaben,* Verlag Leske + Budrich, Opladen 2002
Childre, Doc: *Immer dem Herzen nach. Ein Ratgeber für Eltern,* VAK Verlags GmbH, Kirchzarten 2000
Childre, Doc: *Kannst du mit dem Herzen sehen? Mit Kindern die Herzintelligenz entdecken. 77 Spiele,* VAK Verlags GmbH, Kirchzarten 2000
Csikszentmihalyi, Mihaly: *Kreativität. Wie Sie das Unmögliche schaffen und ihre Grenzen überwinden,* Verlag Klett-Cotta, Stuttgart, 7. Aufl. 2007
DeGrandpre, Richard: *Die Ritalin-Gesellschaft. ADS: Eine Generation wird krankgeschrieben,* Beltz Verlag, Weinheim/Basel 2005
Deresch, Wolfgang: »Mit Kindern philosophieren«, in: Krenz, Armin (Hrsg.): *Handbuch für ErzieherInnen in Krippe, Kindergarten, Vorschule und Hort,* Olzog Verlag, München, 44. Ausgabe 2007
Dunitz-Scheer, Marguerite, Schein, Alexandra: »Die Entwicklung kindlicher Aggression und Gewalt«, in: www.familienhandbuch.de
Ehrensaft, Diane: *Wenn Eltern zu sehr ... Warum Kinder alles bekommen, aber nicht das, was sie wirklich brauchen,* dtv, München 2003
Erickson, Martha F., Egeland, Byron: *Die Stärkung der Eltern-Kind-Bindung. Frühe Hilfen für die Arbeit mit Eltern von der Schwangerschaft bis zum zweiten Lebensjahr des Kindes durch das STEEP™-Programm,* Verlag Klett-Cotta, Stuttgart 2006
Esser, Wolfgang G., Kothen, Susanne: *Die Seele befreien. Kinder spirituell erziehen,* Kösel-Verlag, München 2005
Gaschler, Frank und Gundi: *Ich will verstehen, was du wirklich brauchst. Gewaltfreie Kommunikation mit Kindern. Das Projekt Giraffentraum,* Kösel-Verlag, München 2007
Gebauer, Karl, Hüther, Gerald: *Kinder brauchen Wurzeln. Neue Perspektiven für eine gelingende Entwicklung,* Patmos Verlag, Düsseldorf 2001
Geuter, Ulfried: »Im Mutterleib lernen wir die Melodie unseres Lebens«, in: *Psychologie heute*, Heft 1/2003, S. 20 ff.

Goleman, Daniel: *Emotionale Intelligenz,* dtv, München, 19. Aufl. 2007

Goleman, Daniel: *Die heilende Kraft der Gefühle. Gespräche mit dem Dalai Lama über Achtsamkeit, Emotion und Gesundheit,* dtv, München 2000

Gottman, John: *Kinder brauchen emotionale Intelligenz. Ein Praxisbuch für Eltern,* Wilhelm Heyne Verlag, München, 6. Aufl. 2006

Greenspan, Stanley I.: *Das geborgene Kind. Zuversicht geben in einer unsicheren Welt,* Beltz Verlag, Weinheim 2003

Grimm, Lotta: »Quasselstrippe und Zappelphilipp«, in: *Kinder*, Heft 4/2007, S. 14 ff.

Grossmann, Karin und Klaus E.: *Bindungen – das Gefüge psychischer Sicherheit,* Verlag Klett-Cotta, Stuttgart, 3. Aufl. 2006

Gruschka, Andreas: »Kinder stärken, Dinge klären. Die Erziehung der Erzieher«, in: *Welt des Kindes*, Heft 4/1998, S. 6–12

Günster, Ursula: *Kinder auf ihrem Weg begleiten. Ein Erziehungsratgeber,* Verlag Ernst Kaufmann, Lahr 2007

Hahn, Britta: *Ich will anders, als du willst, Mama. Kinder dürfen ihren Willen haben – Eltern auch! Erfahrungen mit der Anwendung von GFK in der Familie,* Junfermann Verlag, Paderborn 2007

Hahne, Peter: »›Schluss mit lustig‹ – Auf der Suche nach alten Werten«, in: *klein & groß*, Heft 1/2006

Haidt, Jonathan: *Die Glückshypothese. Was uns wirklich glücklich macht. Die Quintessenz aus altem Wissen und moderner Glücksforschung,* VAK Verlags GmbH, Kirchzarten 2007

Hauch, Gitta: »Kinder mit psychosomatischen Symptomen und Erkrankungen – eine aktuelle entwicklungspsychologische Herausforderung«, in: Krenz, Armin (Hrsg.): *Handbuch für ErzieherInnen in Krippe, Kindergarten, Vorschule und Hort*, Olzog Verlag, München, 39. Ausgabe 2006

Haug-Schnabel, Gabriele, Bensel, Joachim: »Entwicklungspsychologische Grundlagen. Was ist Entwicklung?«, in: Krenz, Armin (Hrsg.): *Psychologie für Erzieherinnen und Erzieher.*

*Grundlagen für die Praxis*, Cornelsen Verlag Scriptor, Berlin/Düsseldorf/Mannheim 2007

Hebenstreit, Sigurd: »Über das Kind, die Welt und die Zukunft. Der Vertreibung von Kindlichkeit entgegensteuern«, in: *Theorie und Praxis der Sozialpädagogik, TPS*, Heft 5/1996, S. 254–258

Holt, John: *Wie kleine Kinder schlau werden. Selbstständiges Lernen im Alltag,* Beltz Verlag, Weinheim, 2. Aufl. 2004

Hopf, Hans: *Wenn Kinder krank werden. Besser verstehen – einfühlsamer helfen,* Verlag Klett-Cotta, Stuttgart 2007

Hüther, Gerald: *Die Macht der inneren Bilder. Wie Visionen das Gehirn, den Menschen und die Welt verändern,* Verlag Vandenhoeck & Ruprecht, Göttingen, 3. Aufl. 2006

Innecken, Barbara: *Weil ich euch beide liebe. Systemische Pädagogik für Eltern, Erzieher und Lehrer,* Kösel-Verlag, München 2007

Juul, Jesper, Jensen, Helle: *Vom Gehorsam zur Verantwortung. Für eine neue Erziehungskultur,* Beltz Verlag, Weinheim, 2. Aufl. 2007

Koneberg, Ludwig, Gramer-Rottler, Silke: *Die sieben Sicherheiten, die Kinder brauchen. Neues aus der Evolutionspädagogik,* Kösel-Verlag, München, 2. Aufl. 2007

Korczak, Janusz: *Verteidigt die Kinder. Erzählende Pädagogik,* Gütersloher Verlagshaus, Gütersloh, 3. Aufl. 1987

Korczak, Janusz: *Wie man ein Kind lieben soll*, Verlag Vandenhoeck & Ruprecht, Göttingen, 13. Aufl. 2005

Krenz, Armin: *Mit Kindern jeden Tag erleben. Ein pädagogisches Gedankenbuch,* Verlag Peter Höll, Modautal, 3. Aufl. 1996

Krenz, Armin: *Was Kinder brauchen. Aktive Entwicklungsbegleitung im Kindergarten,* Cornelsen Verlag Scriptor, Mannheim, 5. Aufl. 2007

Krenz, Armin: *Werteentwicklung in der frühkindlichen Bildung und Erziehung,* Cornelsen Verlag Scriptor, Mannheim 2007

Kreul, Holde, Geisler, Dagmar: *Ich und meine Gefühle.* Loewe Verlag, Bindlach 2004

Krumpholz-Reichel, Anja: »Wie viel Disziplin braucht Erziehung?«, in: *spielen & lernen*, Heft 2/2007, S. 22 ff.

Lee, Jeffrey: *Abenteuer für eine echte Kindheit. Die Anleitung,* Piper Verlag, München, 2. Aufl. 2005

Leger, Elke: *Wie Kinder Werte lernen. Ein Buch für Eltern,* Herder Verlag, Freiburg 2003

Leger, Elke: »Werte – Orientierung für das Leben. Was ist gut und was ist böse?«, in: *klein & groß*, Heft 1/2006, S. 10–12

Leman, Kevin, Carlson, Randy: *Kindheitserinnerungen. Der Schlüssel zu Ihrer Persönlichkeit,* Verlag Dietmar Klotz, Eschborn, 3. Aufl. 2007

Liebertz, Charmaine: »Erziehen mit Kopf, Herz und Hand. Ein Plädoyer für mehr Herzensbildung«, in: www.kindergartenpaedagogik.de

Liebertz, Charmaine: *Spiele zur Herzensbildung. Emotionale Intelligenz und soziales Lernen,* Don Bosco Verlag, München 2007

Lindgren, Astrid: *Steine auf dem Küchenbord. Gedanken, Erinnerungen, Einfälle,* Verlag Friedrich Oetinger, Hamburg, 13. Aufl. 2000

Löhle, Monika: *Wie Kinder ticken. Vom Verstehen zum Erziehen,* Verlag Hans Huber, Bern 2007

Löscher, Wolfgang: »Vom Wert der Werte. Orientierung für PädagogInnen zur Werteerziehung«, in: *Zukunftshandbuch Kindertagesstätten/Bildungsarbeit im Mittelpunkt,* 56. AL 2007

Mehr Zeit für Kinder e. V. (Hrsg.): *Kluge Gefühle. Familienratgeber zur Förderung der emotionalen Intelligenz,* Frankfurt/M. 2005

Mendizza, Michael, Pearce, Joseph C.: *Neue Kinder, neue Eltern. Die Kunst spielerischer Elternschaft und die Intelligenz des Spiels,* Arbor Verlag, Freiburg 2004

Mettler-v.Meibom, Barbara: *Gelebte Wertschätzung. Eine Haltung wird lebendig,* Kösel-Verlag, München 2007

Mietzel, Gerd: *Wege in die Psychologie,* Verlag Klett-Cotta, Stuttgart, 11. Aufl. 2000

Missildine, W. Hugh: *In dir lebt das Kind, das du warst. Vorschläge zur Bewältigung des Alltags,* Verlag Klett-Cotta, Stuttgart, 17. Aufl. 2007

Ostermayer, Edith: »Die Bedeutung und Notwendigkeit von si-

cherer Bindung und Beziehung für eine gesunde Entwicklung aus Perspektive der Soziologie und Sozialpsychologie«, in: www.kindergartenpaedagogik.de
Petermann, Franz, Wiedebusch, Silvia: *Emotionale Kompetenz bei Kindern,* Hogrefe Verlag, Göttingen 2003
Pichler-Bogner, Daniela M. I.: »Aus Erziehung wird Beziehung. Die Grundlagen menschlicher Entwicklung«, in: www.kindergartenpaedagogik.de
Pohl, Gabriele: *Kindheit – aufs Spiel gesetzt. Warum Spielen nötig ist, damit Kinder ihre körperlichen, seelischen und geistigen Fähigkeiten entfalten können und was sie dazu brauchen,* Dohrmann Verlag, Berlin 2006
Romberg, Johanna: »Wie Kinder sich die Welt erobern«, in: *GEO*, Heft 10/2001, S. 168 ff.
Salisch, Maria von (Hrsg.): *Emotionale Kompetenz entwickeln. Grundlagen in Kindheit und Jugend,* Kohlhammer Verlag, Stuttgart 2002
Schäfer, Gerd E.: »Bildung: Ein Begriff – viele Bedeutungen«, in: *Welt des Kindes*, Heft 2/2004, S. 22 ff.
Schirmer, Brita: »Aggressivem Verhalten vorbeugen – eine entwicklungspsychologische Herausforderung und lösbare Aufgabe für die Pädagogik?!«, in: Krenz, Armin (Hrsg.): *Handbuch für ErzieherInnen in Krippe, Kindergarten, Vorschule und Hort*, Olzog Verlag, München, 39. Ausgabe 2006
Schmid, Wilhelm.: »›Ich hab mich selbst so lieb ...‹ – Über die Lebenskunst der Kinder«, in: *Psychologie heute*, Heft 10/2003
Schnabel, Michael: »Wenn Kinder übersensibel reagieren«, in: www.familienhandbuch.de
Steininger, Rita: *Eltern lösen Konflikte. So gelingt Kommunikation in und außerhalb der Familie,* Verlag Klett-Cotta, Stuttgart 2006
Steininger, Rita: *Geborgenheit und Selbstvertrauen. Wie Babys und Kleinkinder ein gutes Körpergefühl entwickeln,* Verlag Klett-Cotta, Stuttgart 2007
Suess, Gerhard. J.: »Neue Erkenntnisse aus der Bindungsforschung«, in: *Manuskripte im Rahmen der didacta in Hannover*, München 2006, S. 1 f.

Suess, Gerhard J., Pfeifer, Walter Karl P. (Hrsg.): *Frühe Hilfen. Die Anwendung von Bindungs- und Kleinkindforschung in Erziehung, Beratung, Therapie und Vorbeugung,* Psychosozial Verlag, Gießen, 3. Aufl. 2000

Tausch, Reinhard und Annemarie: *Gesprächspsychotherapie. Hilfreiche Gruppen- und Einzelgespräche in Psychotherapie und alltäglichem Leben,* Hogrefe Verlag, Göttingen, 9., erg. Aufl. 1990

Timm, Katja: »Abends in die Elternschule«, in: *Der Spiegel*, Heft 29/2005, S. 124 ff.

Tschöpe-Scheffler, Sigrid: »Erziehung zwischen Bindung und Autonomie – Anforderungen an die Erzieherin als Person«, in: Krenz, Armin (Hrsg.): *Handbuch für ErzieherInnen in Krippe, Kindergarten, Vorschule und Hort*, Olzog Verlag, München, 35. Ausgabe 2003

Tschöpe-Scheffler, Sigrid: *Kinder brauchen Wurzeln und Flügel. Erziehung zwischen Bindung und Autonomie,* Matthias-Grünewald-Verlag, Mainz, 2. Aufl. 2007

Ulich, Dieter, Bösel, Rainer M.: *Einführung in die Psychologie,* Kohlhammer Verlag, Stuttgart, 3. Aufl. 2000

Ulich, Dieter, Mayring, Philipp: *Psychologie der Emotionen,* Kohlhammer Verlag, Stuttgart, 2., überarb. u. erw. Aufl. 2003

Weiss, Aline: »Ketzerische Gedanken zum weiblichsten aller Berufe«, in: *Theorie und Praxis der Sozialpädagogik, TPS*, Heft 1/1982, S. 17–21

Wertfein, Monika: »Emotionale Entwicklung von Anfang an – wie lernen Kinder den kompetenten Umgang mit Gefühlen?« (Teil 1), in: www.familienhandbuch.de

Wertfein, Monika: »Emotionale Entwicklung von Anfang an – wie können Eltern den kompetenten Umgang mit Gefühlen fördern?« (Teil 2), in: www.familienhandbuch.de

Wertfein, Monika: »Emotionale Entwicklung von Anfang an – wie können pädagogische Fachkräfte den kompetenten Umgang mit Gefühlen fördern?« (Teil 3), in: www.familienhandbuch.de

Wißkirchen, Hubert: »Erzieherische Erweckung – Ganzheitlichkeit – Spiritualität«, in: Krenz, Armin (Hrsg.): *Handbuch für ErzieherInnen in Krippe, Kindergarten, Vorschule und Hort,* Olzog Verlag, München, 33. Ausgabe 2005

Wißkirchen, Hubert: »Zusammenhang zwischen frühkindlichen Lernprozessen und Gehirnentwicklung«, in: Krenz, Armin (Hrsg.): *Handbuch für ErzieherInnen in Krippe, Kindergarten, Vorschule und Hort*, Olzog Verlag, München, 37. Ausgabe 2006

Wolf, Doris, Merkle, Rolf: *Gefühle verstehen, Probleme bewältigen. Ein praktischer Ratgeber zur Bewältigung von Ängsten, Unsicherheiten, Minderwertigkeits- und Schuldgefühlen, Eifersucht, depressiven Verstimmungen,* PAL Verlags-Gesellschaft mbH, Mannheim, 20. Aufl. 2004

Wunsch, Albert: *Abschied von der Spaßgesellschaft. Für einen Kurswechsel in der Erziehung,* Kösel-Verlag, München, 4. Aufl. 2007

Wunsch, Albert: »Droge Verwöhnung. Plädoyer für eine andere Erziehung«, in: *Die Zeit,* Nr. 41, 1. Oktober 1998, S. 89

Wunsch, Albert: *Die Verwöhnungsfalle. Für eine Erziehung zu mehr Eigenverantwortlichkeit,* Kösel-Verlag, München, 11. Aufl. 2007

Wustmann, Corina: *Resilienz. Widerstandsfähigkeit von Kindern in Tageseinrichtungen fördern,* Beltz Verlag, Weinheim 2004